武士ズム
小林よしのり
堀辺正史

法骨傳道
用美道

日本武
用美道

武士ズム

【目次】

【第一章】

日本の武士は「世界一の首狩り族」である

アントニオ猪木も叩いた「堀辺道場」の門／自分の「身を殺す」のが武道の真髄／西洋人にはわからない美意識／武士道精神をなくした戦後日本／生き残ればいいというだけの奴隷根性／いまこそ日本には「惻隠の情」が必要だ／「斬り捨て御免」に対する大きな誤解

【第二章】

我らが失明体験、「心の目」でこそ見えるもの

目にメスを入れることへの不安／国家は左翼も右翼も守らなければならない／「術後」の格差社会を説明しなかった改革／戦後の日本は悪い意味の「独眼竜」になった／倒幕の志士も白虎隊も共同体のために個を捨てた／武士の心情は「俺はもう死んでいる」／資本主義的拡大再生産への疑問／株価のために独立が脅かされている台湾／剣豪が授けた「目を閉じる」作戦／伊東一刀斎の「二つの目付」

【第三章】

武士道究極の処世術「武備恭順」とは何か

小林よしのりの「悩み」／「功名が辻」とは「自己実現の交差点」／意外とドライに妥協していた侍／ホリエモンと村上世彰の醜い処世術／大英帝国の植民システムとしてのボクシング／ジャンプ競技のルール変更と東京裁判の事後立法／勝利のガッツポーズにはがっかりする／中国のハニートラップを批判する「平和ボケ」／平和を模索した上でたどり着いた「最終解答」／「武備」そっちのけでアメリカに「恭順」する親米保守

【第四章】

「天皇と武士」の考察なくして「美しい日本」を語るなかれ

「富田メモ」に動揺した保守派／古代にまで遡った天皇論／幕末の内憂外患から生まれた武士の「国家論」／王者とは何か？　覇者とは何者か？／神道の「ローマ法王」としての天皇／近代国家で「天皇親政」は不可能／天皇の私的メモはあえて無視するのが責務である／左右両極からスタートして真ん中で出会った二人／「デモクラシー」は幼稚極まる「低能哲学」？／許されるテロ、許されないテロ／安易にレッテルを貼る「言論テロ」

【第五章】

「いじめ自殺」と「恋愛」、ひとつしかない命の使い方

いじめから「逃げろ」と言う識者たち／戸塚ヨットスクールに足りないもの／国家のいじめを見過ごす平和主義者／ヒューマニズムを誤解した戦後日本人／弱肉強食を忘れた「お坊ちゃん」の思想／「バッファロー」と「旧日本兵」は同じ弱者／「エロス」と「アガペー」の相違点／「君のためなら死ねる」と言える恋愛／夜道で愛してもいない女を守る理由／「知識人生命」を守るためにタブーを冒せない言論人

【第七章】

あえて言う。「相撲の歴史」は「八百長の歴史」である

189

今なぜ『平成攘夷論』なのか／論壇誌、ワーキングプア特集の姑息／「国士」という言葉の誕生／
従順な羊でなく狼として一発かます／黄色人種の白人コンプレックス／
「宙に浮いた年金５０００万件」の責任の取り方／命懸けの実力行使をためらう警察／
裁判員制度の導入で死刑は廃止になる？／「独り相撲」は「愚かな行動」のことじゃない／
明治の西洋化の中で「国技」となった相撲

武士ズム【第一章】

日本の武士は「世界一の首狩り族」である

小林　わしは以前から、堀辺さんが格闘技系の雑誌でお書きになっていた評論に注目していました。単なる技術論ではなく、武道や武士道を日本の歴史・価値観の中で理論づける作業を延々とやってらっしゃいますよね。それを拝見して、この人は格闘家としてはもちろん、思想家としてもすごいなぁと感心していて、是非いつか対談したいと思っていたんです。

堀辺　そうでしたか。ありがとうございます。

小林　わしの場合、堀辺さんというと、昭和63（1988）年に有明コロシアムで見た獣神サンダー・ライガー対ドン・ナカヤ・ニールセンの異種格闘技戦のことを真っ先に思い出しますね。[*1] 試合後、リングから降りてきたドン・ナカヤに、リングサイドにいた堀辺さんがいきなり殴りかかったんで、ビックリしましたよ。

堀辺　あのときはドン・ナカヤに「俺と戦え！」って言ったんですよ。教え子がやられるのを見て、つい悔しくなっちゃって（笑）。

＊1…4R1分3秒、ニールセンがKO勝ち。実際にはこの試合はライガーがマスクマンに変身する以前に行なわれた。

小林　獣神サンダー・ライガー以外にも、アントニオ猪木、武藤敬司、ザ・コブラなど、堀辺さんの「骨法《こっぽう》」*2を取り入れた格闘家は大勢いますよね。

堀辺　猪木は、自分にとってとても重要な試合だったレオン・スピンクス戦*3の3〜4か月前から道場に通い始めて、打撃技を稽古していました。あの試合では、空中で一回転してキックする「浴びせ蹴り」が注目されましたが、あれは骨法から取り入れたものです。ライガーや船木誠勝が私のところに通うようになったのも、猪木の影響。船木が骨法で覚えた「掌打《しょうだ》」は、その後さまざまなプロレス団体や格闘技団体に持ち込まれて、多くの選手が使うようになりましたね。

プロボクサーの中にも、うちの道場でパンチの稽古をしていた選手がいましたよ。

小林　骨法には、あらゆる格闘技の要素が入っているから、いろいろなジャンルの格闘家が関心を持つんだろうな。道場でお弟子さんたちの実技を拝見したとき、審判役の堀辺さんが「ここからは柔道ルールで」「次はK－1で」「はい、ボクシング」「ムエタイ」などと声をかけるたびに戦い方を変えて、それぞれのルールに従って技を応酬するのを見て驚きました。

堀辺　骨法の中伝である「全局面打撃制」ですね。

小林　あれは、それぞれの格闘技を別々に習得するんですか。

＊2…東国の武士たちが戦の鍛錬として行なっていた「武者相撲」が元になっている。いくつかの流派があると言われ、堀辺氏の流派の特徴である「全局面打撃制」は、どんな状態でも突きや蹴りなど打撃技で相手を仕留めることを目的とする。

＊3…昭和61（1986）年、両国国技館で行なわれた異種格闘技戦。猪木は元プロボクシングヘビー級王者のスピンクスに8R1分23秒フォール勝ちを収めた。

堀辺　いえ、あくまでも骨法の教程を身につけた上で、いろいろな格闘技のルールにそれを応用するという形ですね。そもそも武士の実戦にはルールがありません。そこでいかに戦うかということが、われわれにとって最大の眼目です。ルールがないことを前提にしているからこそ、あらゆるルールの格闘技に対応できる。骨法の初伝、つまり最初の修行段階である「武者相撲」も、昔の武士たちが戦場で使っていた技を再現したものです。

小林　それも見せてもらいましたが、あれはふつうの大相撲と違って寝技があるんですよね。しかも腰には短刀を携えて、最後は組み敷いた相手の首に突きつける。一般の「相撲」のイメージとはずいぶん違うものでした。

堀辺　相撲には二つの流れがあって、今の大相撲は朝廷のお公家さんたちの前で披露していた節会《せちえ》相撲が源流です。一方、東国で武士がやっていた武者相撲は、あくまでも戦場での実戦のための訓練。武士の戦いというと弓や太刀《たち》を使うイメージがありますが、実際はそれで決着がつかないことも多いんですね。

小林　たしかに、テレビや映画の時代劇ではチャンバラしか描かないけど、あれだけで決着がつくはずがないと思ってましたよ。

堀辺　『平家物語』や『源平盛衰記』のような軍記物を見ると、名のある大将同士の戦いは必ず最後は一騎打ちになるんですね。弓の合戦から始まって、太刀を使って斬り合い、それでも勝負がつかないと、「さあ組もう」と言って取っ組み合いになる。あるいは、馬と馬がすれ違うときに相手に飛びかかって地面に落とし、組み伏せて動けない状態にしてから首を斬り落とす。だから寝技が必要になるわけです。武士は相手を殺すまで戦うのが宿命ですから、ふつうの相撲のように相手を土俵の上に倒しただけで終えるわけにはいきません。柔道や柔術に寝技があるのも、それが武士の歴史の中で育まれたものだからです。ブラジルのグレイシー柔術[*4]なども、武士の生んだ技術が少しずつ形を変えながら現代に伝わったものだと理解していい。

小林　子供のころに見た柔道ドラマなんかでは、柔術が悪者扱いされてましたよね。それで柔道こそが正式な武道だという感覚が植えつけられていたので、グレイシー柔術が登場してその強さを見せつけられたときは、ショックを受けましたよ。

堀辺　柔術というのは、嘉納治五郎先生が柔道を作るときに削ぎ落とした部分を、その後も保ち続けたんですね。それをブラジルに伝えたのが、コンデ・コマ（前田光世）という人物でした。彼が、鎌倉武士にまで世界中を渡り歩いて他流試合をやり、一千試合無敗を誇った格闘家です。彼が、鎌倉武士にまで

＊4…明治時代の日本人柔道家、前田光世がブラジルに伝え独自の発展を遂げた格闘技。

つながる体系を維持していた柔術をグレイシー一族に伝えたんですね。日本の柔道のほうは、オリンピック種目にしたいがために西洋人が受け入れやすいよう野蛮な部分をなくしていきましたが、グレイシー柔術にはそれがまだ残っている。骨法は、それをもっと純粋な形で実践しているんです。武士という階級が存在していた時代の武芸をやるのが、私の原点なんです。

自分の「身を殺す」のが武道の真髄

小林　骨法の「骨」というのは、どういう意味なんですか？

堀辺　物事には何でも、うまくやるための「コツ」がありますよね。「骨」はその「コツ」のことで、つまり「奥義」という意味です。武を極めるのが目的ですから、骨法では興行を一切しません。見せ物ではなく、あくまでも修行としての武道なんです。

小林　じゃあ、ただ勝つための技術を身につければいいというわけではない？

堀辺　武芸を学ぶ目的は、戦闘者としてさまざまな技能を身につけることだけではありません。それよりも、戦闘者としての人格を形成することが武道の根本でした。その中でもとくに重要なのが、「捨て身」ということです。自分の「身を殺す」ことが武道の真髄ですね。

小林　敵じゃなくて自分を殺すんですか。

堀辺　『論語』に「身を殺して以て仁を成す」という言葉がありますよね。武道は、その精神を養うのが最大の目的。武人は戦いの中で人を殺しますが、その行為の意味を突き詰めていくと、自分自身が殺される宿命にあるということを考えざるを得ません。「殺す」ことは「殺されること」でもある。だから、自分を殺せない者が他人を殺してはいけない。

小林　いくら戦争でも、死ぬ覚悟のない奴に人を殺す資格はないということか。

堀辺　それが武士の倫理観です。だから武道では、技能だけではなく、戦闘者に必要な人格を形成することが重要な目的になる。もっとも、これは技術論とも関係してくるんですよ。たとえば日本刀で斬り合った場合、下手に逃げたりするとやられるものです。逆に、相手が振りかぶった太刀の中に捨て身で突っ込んでしまえば、相手の太刀が有効性を失ってしまう。ただ、それはわかっていても、なかなか自分の身を敵の刃にさらすことはできません。そこで、自分の生命への欲望や死の恐怖を殺せるだけの覚悟を修行で身につけるわけです。その覚悟をもっとも端的な形で示しているのが、武士の切腹ですよ。「生きたい」というのは人間にとって最大の欲望ですが、武士が自ら腹を切ることができるのは、その欲望を克服している証しでしょう。個人的な欲望にとらわれていないからこそ、自らが正しいと信じることをやり通せるわけです。

小林　私的な欲望を抑えられない人間は、公のためには働けないということですね。

堀辺　だから骨法では、「身を殺す」精神を養うために負けるまで戦います。

小林　何でも自分が勝つまでやめようとしない人はいるけど、負けるまで戦うってどういうことですか？

堀辺　黒帯を取った者が何か月かに1回、30人掛け、50人掛けといった荒行をやるんですよ。最初のうちは楽に勝てますが、次々と新手が交替で入ってくるので、絶対にいつかは負けます。負けるどころか、血を流して気を失うまでやる。それが私たちにとって、もっとも重要な修行の日なんですね。これは、いわば「動く禅」のようなものだと私は思っています。禅では非常事態にも動じない平常心を求められますが、戦いもそれがなければ最後までやり通せない。

小林　なるほど。殴ったり蹴ったりしながら、禅にも通じる平常心を保っているんだ。武士の場合はじっと座禅を組んでいたのでは戦えないから、見た目は禅と違って荒っぽいわけですね。武道には一般的に、理論化されて精神論を言い始めると次第に野蛮性を失っていく傾向があるけど、骨法にはそれがない。

西洋人にはわからない美意識

堀辺　武道が野蛮性を失うのは、実用性を失うことにほかなりません。それを「華法化」というんですよ。たとえば合気道でも、見た目の美しさを追求するあまり、必要もないのに相手を高々と投げ飛ばしたりすることがある。これは相手に体勢を整える余裕を与えることになるので、戦う上では本末転倒でしょう。

小林　そうか、空中を飛んでいるあいだに、着地の姿勢を取ったりできるわけですもんね。見せ物としては面白いけど、実戦では役に立たない。

堀辺　私たちの道場には「用美道」と大書してありますが（口絵ページ参照）、一番上の「用」は「実用でないものは武道ではない」という宣言です。殺し合いに有効であることこそが武道の第一要件。ですから骨法は、外見的には野蛮なんです。

小林　しかし実は、その内面に平常心がある。それは、日本兵の首斬り写真も同じですよね。プロパガンダに使われる偽写真も多いけど、それは別にして、実際に日本兵が敵の首を斬った写真を見ると、西洋人は「日本人は野蛮だ」と非難する。でも、堀辺さんはそれについて「日本人は世界一の首狩り族だ」とおっしゃっていて、わしはそれを聞いてすごくおもしろいと思ったんですよ。

堀辺　あれは武士の精神に基づくもので、内面の野蛮さを表わしているのではありません。武士が敵の首を取って並べたのは、ひとつは「自分は本当に敵を殺してきた」という実証主義に基づくものです。武士には、「理屈よりも証拠で示せ」という精神があるんですね。もうひとつは、首を断つのが相手を苦しませずに殺す最良の方法だということです。たとえば江戸時代の斬首刑でも、首を刎《は》ねる仕事を代々やっていた山田朝右衛門という人の家では、罪人が断末魔の苦しみを感じず、にっこり笑ったまま死ねるように斬る習練を積んでいて、実際それが可能でした。

小林　見事に斬られると、苦しみを感じる暇もなく死んでしまうんだろうな……。

堀辺　パンチでも、下手な相手から食らうと、いくら殴られても倒れることができないものです。顔がボコボコに腫れ上がっても、まだ意識がある。ところが熟練者のパンチは、スパッと入った瞬間にカクンと意識を失ってしまうんですね。そうやって、苦しみを与えないで相手を倒すのが武士道のやさしさであり、美しさです。実用性を徹底的に修練していくと、すべての無駄が削ぎ落とされて、最後は芸術になる。それが「用美道」の「美」です。この「美」の段階まで到達しなければ、「用」も本物ではない。

小林　そんな美意識、西洋人にはわからんでしょうな。

堀辺　それを野蛮だというのは、自分の国の風習だけを是として、他国の文化を表面だけでしか見ない人たちの結論ですよ。日本軍の首斬りも、実は相手を苦しませないで殺すという精神と深くつながっているわけで、そういう相手の文化を深く知れば、誤解は解けるんですけどね。たとえば新渡戸稲造[*5]さんは『武士道』という書物で、武士の慣習やモラルの成り立ちを説明しました。それによって、日本人もキリスト教徒のように普遍的価値観を持っていることが、何パーセントかは西洋人にも理解されたとは思います。でも、あの説明ではまだ不完全なんですよ。

小林　西洋人の場合は神に依拠して倫理を語るけど、日本の武士道には神がないから、キリスト教徒にはわかりにくい。

堀辺　ええ。武士道には超越者がいないんですよね。新渡戸さんはキリスト教徒だから、「魂の救済はキリストによらなければいけない」と言うわけです。しかし本物の武士は、神や仏に頼ら

*5…明治の農学者、教育者。1899（明治32）年に英語で書かれた『武士道』はドイツ、フランス、ロシアなどでも翻訳されベストセラーとなった。

なくてもあの世に行けるくらいの精神を持っていた。なぜなら、土地私有が認められてから自力で原野を開拓し、自前の武装でそれを守ってきたのが武士だからです。そのため武士の世界は、すべての物事を自分で決するという自力救済の精神に貫かれるようになりました。それを突き詰めると、生きているあいだだけではなく、死後も自力救済ということになる。

小林　死んだ自分を自分で救うんですか。

堀辺　たとえば、武士のいろいろな事績を記した『名将言行録』という本を読むと、戦国武将・前田利家のこんな逸話が出ています。利家が臨終を迎えたとき、奥さんが「あなたは多くの人を殺してきたので、きっと地獄に落ちるでしょう。だから棺にはお経を書いた帷子《かたびら》（麻の着物）を入れておきますので、ご安心ください」と言ったんですね。すると利家は、「私は地獄で責められるような無駄な人殺しをした覚えはない。仮に閻魔大王に責められることがあっても、先に死んだ家来たちと共に地獄の連中を打ち負かす。だから死後のことは何の心配もない」と答えて、愛刀を胸にニッコリ笑って死んだと伝えられているんです。神仏に頼ることなく、まさに自分の魂は自力で救済するという精神がそこにはあるんですね。

小林　すごい話だな。でも本来は、そこまで追求するのが日本の武道なのか。

武士道精神をなくした戦後日本

堀辺 骨法が「動く禅」だというのは、そういう意味です。真の武士道を体得すれば、現世での自力救済のみならず、来世における魂の自力救済までなし得るという信念に基づいて修行をしているんですね。

ところが戦後の日本では、私たちのような武道は孤立しています。それは、実はマッカーサーの占領支配の影響なんですよ。私のような武道家が誕生しないよう、彼はさまざまな文教政策を通じて、日本の武道を骨抜きにしていきました。7年間の占領政策の中で、「身を殺して以て仁を成す」ような武道は認めようとしなかったんですね。たとえば剣道でも、人を殺すような打ち方は廃止され、ポーンと軽く当てただけで「一本」ということになりました。「剣道」という呼称自体も許されず、「竹刀《しない》競技」なんて呼ばれていたこともあったんです。

小林 戦争中に、日本兵が刀を持って自分たちに向かってきたことが、よっぽど怖かったんだろうね。日本軍は特攻隊さえ、実戦で使うはずがないのに日本刀を持っていくじゃないですか。

堀辺　あれは不思議なものでね、やはり特攻隊の人も剣道を学んで、それによって培われた精神が人格に染み込んでいるから、日本刀が手元にあると、自分が神と共にあるような気持ちになるんですよ。だから近代戦の中でも、日本刀を携えていく。日本軍人の神聖さはそこに源泉があるんです。

小林　近代合理主義の感覚に馴染まないから、アメリカ人には神秘的なものに見えたんだと思う。首狩り族が、片手に機関銃を持っているのに、片手にはヤリを持って襲ってくるような感覚。近代的な兵器があるのに、どうしても日本刀は手放せないというところに、不気味な恐ろしさを感じたんでしょうね。

堀辺　米兵にはなくて日本兵にあったのは、その魂の部分です。そういう日本兵の魂の部分が武道に根ざしていることを知っていたから、マッカーサーもそれをパージ（追放）したんでしょう。日本人の精神の根本をよく理解し分析できていた。

小林　その結果、戦後の日本人は、自己を捨ててでも何事かを成し遂げるという精神を失ってしまったわけだ。大東亜戦争までは、それがあったんですよね。実際、戦争では「よくもこんなに死んだものだな」と驚くほどの戦死者が出ている。日露戦争でも旅順で3万人、奉天の戦いでは

7万人ぐらい死にました。そして大東亜戦争では、あの累々たる屍《しかばね》。今の日本人の感覚とは全然違います。

堀辺　とくに日清戦争や日露戦争までは、将校の中に武士の二世や三世が残っていたので、兵隊たちに武士道精神を伝えることができたんです。だから「身を殺して以て仁を成す」という精神も生きていたし、外国人が「星から来た軍隊」と評したほどの厳格な軍規が保たれていたのもそのせいでしょう。非常事態でも平常心を失わない武士道の精神があったからこそ、規律が乱れなかった。これが、「用美道」の「道」です。武士というのは、戦争という非常事態を前提にしながら生きる宿命を背負っていました。それは現代の軍人も同じですが、その非常事態の中でいかに平常心を保てるかということが大事になる。心が乱れていたのでは、「用」も「美」も実践できないわけです。「道」を失ったとき、人間はケダモノに転落してしまう。だから、近くで爆弾が炸裂したり、首が吹っ飛んだりしているような状況でも、お茶を飲んだり仲間と談笑しているときのような平常心で行動しなければいけない。どんな修羅場に直面しても決してケダモノにならず、人間として当たり前の精神を保てなければ、武道の体得者とは言えません。ともあれ、そういう武士道の本質を理解することなしに、明治から大東亜戦争までの日本近代史は理解できないと思います。

小林　ところが今は保守派の連中さえ、武士道を復古主義ぐらいにしか思っていないんですよ。近代合理主義に毒されてしまって、「身を殺す」どころか、いかに生き残るかということしか考えてない。だから、たとえば西南戦争[*6]を戦った西郷隆盛の感覚も理解していない人が多いんです。「日本が生き残るには近代化で突き進む以外になかったのに、なぜ西郷はそれを後退させるような真似をしたのか」なんて首を傾げている。

生き残ればいいというだけの奴隷根性

堀辺　西郷は特権階級としての武士を否定し、倒幕によって身分制を崩壊させました。それは彼の最大の功績だったと言えるでしょう。ただし、彼は武士の精神まで否定したわけではありません。むしろ、特権階級としての武士がなくなることで、すべての日本人が武士道精神を持つことを期待していたんですよ。ところが、一緒に戊辰戦争[*7]を戦った連中の暮らしぶりを見ると、贅沢な邸宅に住み、キラキラした馬車に乗って権力を振るっている。そういう腐敗を除去するため

＊6…明治10（1877）年に起こった日本最後の内戦。圧倒的な政府軍のまえに西郷軍は敗れ、西郷は自刃した。

＊7…慶応4－明治2（1868－69）年に起こった内戦。天皇を奉った新政府軍と徳川慶喜を奉じた旧幕府軍が戦った。鳥羽・伏見の戦い、会津戦争、箱館戦争を経て新政府軍が勝利。西郷は新政府軍として戦った。

に廃藩置県を行ない、武士階級を崩壊させたのに、これでは何のために倒幕したのかわからない。武士道精神が失われそうになったからこそ、官軍に刃向かって西南戦争を戦ったんです。

小林　近代化を主張してやまなかった福沢諭吉[*8]ですら、かつて幕府側だった勝海舟[*9]と榎本武揚《えのもとたけあき》[*10]が明治政府に入ったことを「士風が廃《すた》れる」と非難した。彼も、単に近代合理主義を推し進めようとしたわけではない。

堀辺　あそこで初めて、福沢は西郷が何を願っていたのかがわかったんでしょう。そして、近代化が孕《はら》んでいる危険性を理解し、そこに伝統を組み入れていくことの重要性に気づいた。それが、『瘠我慢《やせがまん》の説』では勝や榎本を批判し、西南戦争の直後に書かれた『丁丑公論《ていちゅうこうろん》』では西郷擁護論を展開するという形で噴出したんじゃないでしょうか。

小林　欧化主義一辺倒の時代に福沢が日本の伝統を重んじたことの意味は重いですよね。

堀辺　凄い感性だと思います。

現在の日本の知識人は、土着の伝統を「野蛮なもの」というひと言で片づけようとしますが、福沢は違う。彼は、西洋の書物を読んだだけで「独立自尊の精神こそが近代だ」と理解したわけではありません。武士にはもともと独立自尊の精神がある、というところからスタートしている

＊8…明治期の思想家、教育者。大坂適塾で緒方洪庵に学び蘭学塾を開く（のちの慶應義塾大学）。

＊9…戊辰戦争の際、西郷隆盛と会談して江戸の無血開城を実現した。幕臣であったにもかかわらず、明治政府でも枢密院などに仕えた。

＊10…戊辰戦争における箱館戦争の際、旧幕府軍を指揮した。戊辰戦争に敗れたものの明治政府の歴代内閣で大臣を務めた。

んです。そこを、今の知識人は左翼も保守派も見逃している。

小林 日本が日本であるために欠かせない伝統的な形を失っても、とにかく生き残ればいいんだ、というところまで近代合理主義に毒されてるんですよ。

堀辺 単に欧化して生き残ればいいというだけでは、ただの奴隷根性です。しかし武士というのは、所有した土地を自前の軍事力で守ることで、奴隷根性を排除していった。そういう独立の精神があったからこそ、明治維新は実現したんですね。左翼は「明治維新は支配階級の手によるもので、民衆が立ち上がって起こしたものではないから革命ではない」などと言って貶《おとし》めようとしますが、これは本質がまったくわかっていないと思います。たしかに、徳川幕府は百姓や商人に打倒されたのではありませんが、これは観点を変えれば凄いことなんですよ。というのも、「幕藩体制では欧米列強に侵略されてしまう」と考えた志士たちが、侍同士の内戦に勝利した結果が明治維新です。つまり、支配階級が自ら特権的な身分を捨てて、国の独立を守るために新しい体制に移行した。こんな革命は、世界にも類例がありません。まさに「身を殺して以て仁を成す」の精神がそこで花開いたんです。左翼はいつも「民族の独立」とか「侵略はいけない」と言いますが、それなら、西欧の侵略に対抗して独立に命を捧げた人々を、民族の英雄として讃えるべきでしょう。

小林　あそこで倒幕をしなければ、日本は西欧の植民地になっていたわけですからね。

堀辺　その意味で、左翼には靖国神社の歴史も勉強してもらいたい。私は、黒船の来航から靖国の歴史が始まったと考えています。西欧のアジア侵略が間近に迫っていることを当時の日本人がはっきりと意識したのが、ペリーの黒船でした。あのときから幕末が始まり、志士たちが大量に発生したんですね。西欧の侵略に対して、民族の独立を達成しようと立ち上がったのが、幕末の志士たちです。靖国神社の歴史を見ると、倒幕運動や尊皇攘夷運動に関わって命を落とした志士たちが最初に合祀されている。民族独立のために戦った人々が、靖国神社の核になったということです。

小林　左翼の中には、西郷が靖国に祀られていないことをあげつらって、「国のために戦った者がすべて祀られているわけではない」と批判する人もいます。

堀辺　大日本帝国の構築に寄与した人々を主体に祀っているので、政府に楯突いた西郷は反逆者と見なされてしまったんですね。だから西郷の墓には、当初、鎖がかけられていた。しかし10年後には鎖も解かれましたし、今では愛国者という評価が定着しています。西郷がいないからといって、靖国の存在意義が薄れるわけではありません。西欧の侵略に対抗する大日本帝国が誕生して以降も、日清戦争から大東亜戦争まで、日本の独立を保つために戦った人々が靖国に祀られてきた。つまり靖国というのは、「独立英雄神社」なんですよ。私の郷里で誕生した「水戸学」では、英雄の魂は死なずに天地に充満するということを説いています。この考え方はすでに幕末期の時点で確立していたんですね。その考え方から招魂祭というものが生まれて、のちの靖国神社につながっていく。靖国は、自尊自衛の戦いに命を捧げ、日本の独立を支えた人たちの英霊が祀られている場所なんです。そこに国のトップが参拝することに何の文句があるのか、と左翼には言いたいですね。

小林　左翼だけじゃないですよ。靖国に代わる施設として、「国立追悼施設を考える会」というのが、超党派の議員連盟としてあったし、国民も国立追悼施設賛成派が多い。そのくせ、時に首相の靖国参拝には賛成派が多くなったりするんだから矛盾してますけど、要するに何もわかってないんですよ。

堀辺　東京裁判[*11]の問題が国民にまったく理解されていないから、中国や韓国に「A級戦犯を合祀するのはけしからん」と騒がれると、「このままでは、お隣の国と仲良くできない」と思って

＊11…極東国際軍事裁判。連合国によって敗戦国・日本を裁くために東京市ケ谷の陸軍士官学校講堂で開廷された。「A級戦犯」として東条英機元首相ら7名が処刑された。

しまう。それを避けるために宗教色を排除した記念施設を作ろうという話になるわけですが、実にバカげたことだと思いますね。

小林　保守派の連中は、中国や韓国に抗議されると腹立たしいから、「意地でも首相は参拝すべきだ」と言うんですよ。ところが、無宗教の国立追悼施設を作ればいいと言われると「ああ、その手があったか」と、逆に「そのほうが合理的だ」と判断してしまうんですね。その程度の、場当たり的な発想しかない。情けない話です。新しい施設をでっち上げたって、独立の英雄は靖国にいるんだから何の意味もないのに。

堀辺　やはり、アメリカなどの連合国が開いた東京裁判の意図をちゃんと理解することが必要でしょう。あそこでアメリカがやりたかったのは、「ペリー来航以来の日本の歴史はすべて間違っていた。そもそも大日本帝国はこの地球上に存在してはいけない国家だった」ということを、裁判という形式を通して日本人に教えることだったと私は思います。西欧の侵略に対抗して独立を守るために誕生した大日本帝国を否定したかった。しかし現在でも、靖国神社に行けば、そこには大日本帝国が存在しているんですね。

小林　なるほど。

堀辺　韓国や中国はそこが気に入らないわけです。彼らは靖国神社に大日本帝国を見ている。しかし私に言わせれば、そこに大日本帝国が存在しているからこそ、靖国は靖国としての存立が望まれるんですよ。

小林　そうですね。韓国や中国の反発は、単に自分たちが侵略や併合によって民族の尊厳を傷つけられたとか、そういう被害者感情だけの問題ではないと思います。何とかして日本を弱体化させたいという、もっと積極的な意思がそこには働いている。「靖国は被害者感情を逆撫《さかな》でする」という言い方しかしない左翼や一部の保守系の議員たちは、問題の本質が見えていない。向こうは日本を攻撃しているわけだから、そこで靖国を否定してしまったら、「日本は強くなりません」と約束するのと同じことになってしまうんです。

堀辺　その強い日本を守るために命を捨て、靖国に祀られた武人たちの精神は、わが国の貴重な文化遺産ですよ。武人の精神には、西欧の近代市民につながるようなものもあった。左翼はそれを断ち切って「民主主義だ」「人権だ」と言いますが、そういう物言いにはまやかしを感じますね。その国の風土が培った伝統や習慣を排除したところに、民主主義や人権が根づくとは思えません。

いまこそ日本には「惻隠の情」が必要だ

小林　実際、それが根づいていないから、弱者を切り捨てるような考え方が蔓延するんですよ。民主主義や人権という概念がなくても、武士道には弱者にも心を寄せる惻隠《そくいん》の情というのがありましたよね。わしは子供のころ、小児喘息《ぜんそく》で苦しんでいて、徹底的な弱者だったんですよ。体力的には恵まれなかったからこそ、格闘技をやれるほど強い人たちには素直に憧れの気持ちを抱くんです。でもわしの場合は、漫画という武器を手に入れたことで、ある種の強者を目指せるようになった。でも、そこで弱者だった自分の原点を忘れてはいけないと思ったんですね。少数者や弱者にどこまで心を寄せられるかを考えるのが、本物の強者の論理だと思うんですよ。ところが今は、単に弱い奴は打ち捨てておけばいい、金持ちだけが富を独占して、貧乏人は病院にも行けなくてもかまわない、という社会になりつつある。

堀辺　それは、まさに西郷が嫌った社会の姿ですよ。彼は真の武士であるがゆえに、弱者への配慮というものを人一倍大事にしていた。強者であるがゆえに「仁」を燃やし続けられるというのは実に逆説的ですが、それこそ武士が築いてきた日本の伝統でしょう。

小林　そこで思い出すのが、小泉元首相。そういう精神が感じられませんでしたよね。自分の政策に反対する者は「抵抗勢力」と呼んで、情け容赦なく切り捨てる。そういう自分の手法と矛盾するものだから、自民党憲法草案の前文からも「和を尊び」という部分を削ったそうですよ。このままだと、和が尊ばれることのない、強者だけがのさばる世の中になってしまう。

堀辺　要するに、ジャングルの掟ですよね。

小林　そういう冷酷な合理主義者だからこそ、小泉元首相は織田信長に譬《たと》えられたりもしたわけですが、それについてはどう思われますか。

堀辺　いくら何でも、信長と一緒にするのは褒めすぎでしょう（笑）。信長の場合、たとえば比叡山の焼き討ちにしても、政治と宗教の癒着を断ち切って新しい社会を築くための創造的な破壊でした。一方、小泉元首相の破壊は創造になっていないし、そもそも破壊力のスケールが違いすぎますよ。それに、楽市楽座など信長の自由化政策や合理化政策は、民衆の生活向上をもたらすために行なったもの。冷酷なイメージとは裏腹に、信長は「安民」を考えていました。これは弱者に寄り添う武士道精神に沿うものですよね。民衆を犠牲にする小泉元首相のやり方からは、武士道精神など一片たりとも認められません。平成17（2005）年秋の靖国参拝にしても、ポケットの小銭を投げ入れ、神道の礼式も守らないで手を合わせるなんて、礼を重んずる武士の精神を持ち合わせていたら絶対にできない振る舞いです。信長といえども、たとえば比叡山焼き討ち後には、ちゃんと供養をしているんですよ。あるいは、豊臣秀吉の朝鮮出兵のとき、島津軍などは朝鮮軍の戦死者も一緒に弔っている。武士の世界には、敵でさえ尊敬する文化があったわけです。ところが小泉元首相は、自国のために戦った英霊に対してさえ侮辱的な振る舞いをしてみせました。信長とは違うどころか、武士の風上にも置けませんね。

小林　わしは、あの雑踏の中で総理大臣が一般参拝者と同じ拝殿で参拝するところに、無防備さを見ましたね。一国のトップが、目をつぶって群衆に背中を見せていた。「これじゃ、どこからでも暗殺できるな」と思って、ドキドキしましたよ。結局、小泉元首相の場合は「これは私的参拝である」ということが言いたかっただけなんですよね。そこには英霊に対する哀悼の念も何もない。

堀辺　その無防備さが、実は日本国家の無防備さとつながっているんです。本来、武士というのは「構えている人」なんですよ。つまり、常に敵の存在を予想して生きている。誰かが自分を殺そうとしているると思っているからこそ、心の中に備えがあるわけです。単に武器を持っているだけでは、武士にはなれない。心の備えがある人間が、武士として生きられるんです。

「斬り捨て御免」に対する大きな誤解

小林　今の政治家には、そういう精神論は実用に役立たないという発想しかないから、武士道が廃れ、合理主義だけが闊歩《かっぽ》するんです。惻隠の情が失われたのも、その結果でしょう。本来は、政治家、財界人、マスコミといった指導的な立場にいる者こそ、弱者に寄り添うべきなんですよ。ところが、それは無駄にしか感じられないから、みんな少数の強者に寄り添って物を言う。

堀辺　そもそも、武士は強大な武力だけで権力を維持していたわけではありません。鎌倉幕府の成立から徳川幕府が倒れるまで、何百年にもわたって武士が権力を握ることができたのは、民衆が彼らに心から服従していた部分があったからです。その背景にあるのが、先ほど話した「身を殺して以て仁を成す」の精神ですよ。自分自身を殺せる人間のみが、人を殺すのをよしとする。そういう暗黙の了解が存在していましたから、人を殺す人間が、何か不始末を起こしたときに自分自身を裁くことができないとしたら、これは武士にとってもっとも恥ずべきことです。多くの人に迷惑をかけた場合は、ただ「申し訳ない」などと言葉で謝罪するのではなく、ひとつしかない命を自分から差し出すことで詫びる。つまり、切腹することができる人間だけが武士として権力を握れたんですね。だから、誰でも武士になれたわけではありません。何かあったら切腹しなければならないと思ったら、なりたくてもなれないんですよ。

小林　武士になっていいと言われても、尻込みする人のほうが多いでしょうね。

堀辺　黒澤明監督の『七人の侍』を見てもわかるとおり、江戸時代以前には、侍になろうと思えば誰でもなれた時代がありました。戦場に出て行って、それなりの働きをすれば、もともとの身分が武士ではなくても武士になれた。でも、多くの人はあえて武士になろうとは思わなかったんですね。もちろん、戦場で殺される危険があるというのもひとつの理由ですが、いちばん大きかったのは切腹をしなければならないことです。自分を自分で殺せない人間、つまり死の恐怖を克服できない人間は、武士の仲間として合戦に参加してはいけない。日本の武士は、そういう形で暴力に対する歯止めを作り上げたんですよ。

小林　なるほど。強い権力を握るには、それだけ重い責任が伴うということでもありますよね。

しかも昔の武士たちは、そんなにいい生活もしていなかった。町人なんかより侍のほうが貧乏ですもんね。お金が儲かるわけでもなく、いざとなったら命も落とさなきゃならないんだから、町人でいたほうがよっぽどいいですよ。

堀辺　だからこそ、江戸時代の農民や商人たちは武士に心から服従できたわけです。今の日本人は、そこのところを見落としている。歴史を知らないのか、知っていながら目を逸《そ》らしているのかはわかりませんが、武士政権というと、たとえば「斬り捨て御免」のように、ひたすら武力を振り回して民衆を恐怖で押さえつけていたかのように語られてしまう。しかし江戸時代のことを調べてみると、人斬りをやった侍はかなり厳しい詮議を受けています。たとえば無礼をはたらいた町人を斬ったというのであれば、その無礼な振る舞いを目撃した証人がいるのかどうかを問われ、証拠が揃わなかった場合は罰せられているんです。ところが歴史の教科書には、江戸時代には斬り捨て御免という制度があって、武士は農民や商人を好き放題に殺せたような印象を与える書き方をしている。こんなものは、まともな歴史教科書とは言えません。

小林　もし武士による軍事政権がそんなに横暴なものだったら、何百年も世の中を支配し続けることはできなかったでしょうね。

堀辺　ええ。最後は命懸けで責任を取る覚悟を持っていたからこそ、権力を振るうことを容認されていた面もあると考えるべきですよ。そして、それこそが日本の指導者の本来あるべき姿だと思います。その精神が、大東亜戦争のときまでは生きていました。たとえば自分の部隊が8割やられたら、隊長は死ぬまで戦い続ける。戦艦大和が沈めば、艦長は絶対に泳いで逃げたりしません。艦と運命を共にする。これは明らかに切腹の精神ですよね。今の政治家には、その精神がない。

小林　失政のたびに切腹してたら、国会議員はすぐに半分ぐらい入れ替わってしまうだろうな（笑）。

堀辺　そうですよ。「こんなに不況を長引かせたのはわれわれの責任だ」と言って、その政権の中枢にいた人間が100人ぐらい切腹したっていいぐらいの話です。野蛮なことを言っているように思われるかもしれませんが、それをやれば政治家も変わるでしょうね。なにしろ腹を切ってしまえば、次の選挙に出馬することもできないんですから。それを「野蛮だ」とか「封建時代の古い考え方だ」といった言葉だけであっさり葬り去るのではなく、武士道の精神から現代の日本社会にも通じるメッセージを読み取ることが大事だと思いますね。

小林　本当に、武士道を身につけた人間が権力を握ってくれればいいんだけどなぁ。堀辺さんの骨法会の黒帯の人たちなんか、みんな物凄く強くて体もゴツイのに、顔つきは穏やかで粗暴なところが少しもない。まさに「用」と「美」が一体化している。

堀辺　ちなみに骨法会では、黒帯を取った者だけが道衣に日本国旗をつけられるんです。日本の伝統的な武士道精神を体得するための修行ですから、どんなに強くても、たとえば茶髪の人間は黒帯を取れません。だから骨法会の黒帯は、「おまえは日本人だ」というお墨付きみたいなものですね。

小林　これから政治家を志す人間は、骨法会で黒帯を取れるまで修行しろ、と言いたくなりますね。

武士ズム【第二章】

我らが失明体験、「心の目」でこそ見えるもの

目にメスを入れることへの不安

小林　堀辺さんもわしも、白内障と緑内障を患って両目を手術[*1]したわけですが、無事に成功して良かったですよね。

堀辺　お陰様で。良いお医者さんを紹介していただいて、感謝しております。

小林　堀辺さんはいつから目がお悪かったんですか？

堀辺　あれは25歳ぐらいのときだったと思いますが、格闘の最中に、靴の爪先で側頭部に蹴りを受けたんですよ。左の眉をざっくりと切って、そこは医者で縫ってもらってすぐに治ったのですが、どうも目が変なので視力検査をしたら、急激に視力が落ちていた。

小林　もう40年ぐらい前の話じゃないですか。

堀辺　ええ。でも右目はふつうに見えるので、「どうってことないな」と放置していたんですよ。ところが1年ぐらい前からいよいよ見え方がおかしくなってきたので、眼科で診察を受けてみたら、左目が緑内障、右目が白内障という診断。でも、手術で目にレンズを入れたら、パンチを受

＊1…小林氏の〝失明体験〟を漫画にした『目の玉日記』に詳しい。

けたときに割れてしまうんじゃないかという気がしましてね。漢方薬を飲んだら視力が上がったこともあって、手術を先延ばしにしていたんです。そうしたら、小林さんが心配して手術を勧めてくださった。

小林　わしもなかなか手術に踏み切れなかったから、その気持ちはよくわかるんですよ。武道家も漫画家も特殊な職業だから、目にメスを入れるのは抵抗がありますよね。万が一、失敗して見えなくなってしまったら、もう仕事にならないわけですから。それに加えて、たぶん堀辺さんもわしと同じように、それほど西洋医学というものを信じていない。

堀辺　おっしゃる通り（笑）。

小林　やっぱりそうでしょ。心のどこかで、切った張ったで病気を治す西洋医学の合理性に疑念を抱いているんですよね。

堀辺　西洋医学というのは局所的なもので、その分野に関しては深く研究されているということは認めるんですが、一方で、身体の全体的な統合を考えていないことに対する不信感も拭えません。だから、ちょっと手違いがあったときには、とんでもないリスクが生じるんじゃないかと思ってしまう。しかも患部が目となると、事は重大ですからね。

小林　ええ。だから堀辺さんもわしと似たような感覚で手術を避けているんだろうと思ったんですね。でも自分が手術に成功したので、手遅れになる前に決断されたほうがいいと思いました。ただ、その話をしているときに、ふと「ここまで勧めて手術が失敗したら、大変な責任が発生するんじゃなかろうか」と思って、ちょっとヒヤッとしたんですよね。それは医者も同じで、失敗して訴訟を起こされるのは怖いから、強く手術を勧めることができない。いろいろな治療法について説明した上で、「最終的な判断は自己責任で下してくださいよ」という話になるわけです。

堀辺　いわゆるインフォームド・コンセントの問題ですね。

国家は左翼も右翼も守らなければならない

小林　これは、国家と個人の関係とも似てるんですよ。今の日本は、規制を緩和して自由に競争させる代わりにリスクは自己責任で負えという新自由主義（ネオ・リベラリズム）の方向に進んでいます。ベンチャービジネスを起業しやすくなった代わりに、失敗したときは自分で責任を取らなければいけない。その結果、格差社会の中で「下流」に落ちてしまった若者たちも、「これは能力のない自分の責任だからしょうがない」と諦めてしまうような状態になっているわけです。しかし、果たして国家と個人の関係がそれでいいのかというと、甚《はなは》だ疑問ですよね。この「自己責任」という言葉は、イラクの邦人人質事件[*2]から流行語のようになったんですけど、あのとき『朝まで生テレビ！』で、ある政治家が「自己責任だから国家が助ける必要はない」というニュアンスの発言をしたときも、わしは猛烈に怒ったんですよ。それこそ、被害者が左翼だったら国家は守らないなんてことになったら、絶対にまずい。思想信条で国民を選別するような恐ろしい国家じゃ困るわけ。

堀辺　左翼が政権を握ったら、こんどはわれわれが放っておかれますからね（笑）。

小林　そうそう。左翼だろうが右翼だろうが、いろいろな思想信条の人間が日本にはいるわけで、それはみんな国家が守るべき国民なんですよ。その国民が人質に取られたときに、「それを助ける義務なんかない」といってしまう国家には、国家としての意味がない。そんなことでは国民に愛国心を求めることなんかできなくなってしまうから、これは政治家や官僚が絶対に口にしてはいけない言葉なんですよ。もっとも、あの事件のときは人質のほうにも、自分が国家とは完全に切り離された個人だというような思い上がりの面もあったわけだけど。

＊2…平成16（2004）年4月、ボランティアの女性と18歳の青年、フリーカメラマンがイラクで武装勢力に誘拐された事件。最終的には3人とも解放された。

堀辺　共同体というものが壊れつつあるとはいえ、人間は家族や地域社会や学校や職場といった集団とつながって生きているわけで、その最後の枠組みとして国家というものが存在するわけですよね。国家というのは、権力を持った単なる政府のことではなくて、もっと大きく国民を包み込むものとして存在している。だから国民を守らないようでは国家の資格がないわけですが、国民の側も、その大きな共同体の歴史の中で生きているという自覚を持たなければいけない。

小林　国家と切り離された個人として生きていくことはできませんからね。

堀辺　そうです。左翼はよく「世界市民」という言葉を口にしますが、国家やその歴史を背負っていない個人という意識は、現時点では空想観念にすぎません。共同体の最後の枠組みが、国際社会ではなくてそれぞれの国家である以上、本人が「自分は日本人ではない。世界市民だ」と言ったところで、外国に行けばそうは見てくれない。どうしたって日本人として扱われるわけです。

小林　だから、人質にされた側は単なる一個人ではなく、日本人として国家を引きずりながら生きているんだから、いざというときは国家の世話にならなきゃいけない。一方の政府も、単なる個人ではなく日本の国民が拉致されたんだから、国家として助けるのはまったく当たり前の話。ところが、イラクの事件で邦人人質を支援していた団体なんかは、ふだん「われわれは世界市民だから国家なんか必要ない」とか主張してるくせに、ああいうときだけは「何が何でも国家が救うべきだ」と言い始めるんですよ。一方、ふだん「世界市民」的な物言いを批判している保守の側は、「自己責任だから国家が面倒をみる必要はない」と個人主義を讃えるようなことを言う。実に奇妙な話で、どちらも論理が逆転していた。だからあのときは、両方に反発を感じましたね。

「術後」の格差社会を説明しなかった改革

堀辺　いずれにしても、国家と国民の関係がまったく噛み合っていないですよね。そのズレ具合も、医者と患者の関係に似ていると思います。要するに、そこには信頼関係がない。なぜ国民や患者が政府や医者を信頼しないかといえば、やはり説明責任が果たされていないからですよ。通り一遍の説明をして、「自己責任で選べ」というのは無責任というものです。これは政治家も同じで、それこそ小泉内閣も盛んに「改革が必要だ」とは言いましたが、その改革によって将来の日本はどうなるのかという説明がなかった。

小林　改革という手術を勧めるだけで、その「術後」については何も言ってませんでしたね。しばらくしてから、ようやく格差社会という「術後」の姿が国民にも見えてきたわけだけど。

堀辺　ただし国民や患者の側も、説明を求める姿勢が弱いですね。それについては、私も偉そうなことは言えないんですよ。目の手術を受ける前に、リスクや術後のプロセスについて、ちゃんと聞いてませんから。ただ「もう、お任せします」と言っただけ（笑）。まあ、たとえ結果が悪くても、その人に任せた自分の責任だと考えるのが私の生き方なんですが。

小林　結局、相手を信頼できるかどうかということでしょ。わしもそうです。自分で勉強するのは面倒臭いし、そんな暇もない。自分で調べたって、どうせよくわかりませんしね。だけど、病院で話を聞くんだけど、説明不足の医者もいるんですよ。「どんなレンズを入れるんですか？」と質問したら、てのひらサイズのでっかいレンズを見せて「これ」って言った医者もいました（笑）。

堀辺　そんなの目に入るわけないじゃないですか。

小林　もしかしたらその医者は、わしがレンズというもの自体を知らないと思ったのかもしれませんね（笑）。わしは「レンズとは何か」じゃなくて「目に入れるレンズとは何か」を知りたかったんですけど。そんな医者でも、たぶん手術はうまくやるんだと思いますが、信頼して任せる気にはならないですよ。一方、とても丁寧に説明してくれる医者もいたんだけど、こっちはこっちで「マグロの切り身の断面の色合いを見て値段や品質を見定める目利きの人は、感覚が狂ってしまうから、安易に白内障の手術をしない」とか言うわけ（笑）。好意で言ってくれてるんだけど、色合いの差がわからなくなってしまうのは絵を描く人間にとって致命的だから、不安になって踏ん切りがつかなくなる。

堀辺　リスクを知れば知るほど迷うだけ、ということですよね。

小林　どの医者も多くの患者を治しているわけだから、技術は持っているはずなんですよ。でも、患者が手術に踏み切れるように納得させるだけのコミュニケーションを取る能力が低い。患者に安心感を与えるためには、ある意味で宗教者みたいな感覚が医者にも求められるような気がします。

堀辺　そういう面はありますね。生命にかかわる問題には、科学的な論証を超えた部分が必ず付随しますから。だから、どんなに科学が進んでも、患者と医者の関係には広い意味での宗教的な部分が残ると思うんですよ。人間同士の信頼関係というのは、論理的に証明できない世界じゃないですか。自分の女房に「俺のことを信じろ」と言ったときに、「じゃあ証拠を見せなさい」と言われても困るわけですよ（笑）。「信じてくれよ」としか言いようがない。

小林　昔は近所にかかりつけの町医者がいて、病気になったらそこで診てもらう以外に選択肢がなかったから、その医者を信用するしかなかったんです。医者のほうも、自分が患者に信頼されているという前提で診察していた。ところが今はその共同体における人間関係が壊れてしまったから、医者にかかるたびに、いちいち信頼関係を築かなければいけない。

堀辺　まったく面識のなかった医者と患者が、そこでいきなり出会うわけですからね。

小林　そうなると、会った瞬間に自分をさらけ出すことができて、向こうも自分のことを愛情を持って診てくれる医者との、偶然の出会いに賭けるしかなくなってしまう。もっとも、今は医者にかぎらず、あらゆる人間関係がそうなっているのかもしれませんけどね。たとえば学校の教師にしても、昔は保護者とのあいだに、ある種の信仰心みたいなものを含んだ信頼関係があった。それが今は、単なる契約関係でしか成立しなくなっていることが問題なんですよ。本当は、それをいかに再生するのかを考えなければいけないんだけど、どんどん契約の観念だけが世の中に浸透している。信頼関係も何もない状態で、何か間違いが起きたときにどちらが責任を取るかという話ばかりになっているわけです。

戦後の日本は悪い意味の「独眼竜」になった

堀辺　私の場合、小林さんに佐伯先生（二人の手術を担当した主治医）を紹介していただいたので、最初から信頼できたのは幸運でした。

小林　わしは最終的に佐伯先生のところに行ったとき、「とにかく自分に任せてくれ」という言い方をされたので、ようやく手術を受ける気になったんです。これはまったく合理的な根拠に基づく判断じゃないんですよ。そこで信頼できるかどうかは、相手の年格好とかキャリアとか雰囲気とかによりますよね。それで「任せる」と決断して、相手も誠心誠意を尽くしてくれたら、失敗しても文句を言う気にはなりません。

国家と国民も、本当はそのくらいの信頼関係を結んでおかないといけない。仮に人質の救出に失敗しても、信頼している政府が最大限の努力をしたのであれば、国民も「これはやむを得ない」と納得できるじゃないですか。そこで初めて、「本人も自己責任で行ったんだから」という言い方が許される。しかしイラク人質事件では、国家がまず「自己責任」を言い出した。「保守側」からはそれに賛同する声が上がったけど、わしはどうしても納得できなかったですね。

堀辺　そこが戦前と戦後の大きな違いで、戦前の国民は国家をかなり信頼していたと思うんです。ところが現在の日本国民は国家を信頼できない。

小林　国家や官僚は何もやってくれるはずがないと思っているから、民間が勝手にやったほうがいいという話になるわけですよね。ところが、その民間が決して信頼できるものではないということは、耐震偽装やホリエモン[*3]の問題以降、さまざまなところで明らかになっている。

堀辺　戦前の国家は、国外で何かあったときには、軍隊を出動させてでも邦人保護に全力を挙げていました。しかも、10人か20人の民間人を救うために何百人もの兵隊が犠牲になったりする。人数のことだけ考えれば非合理的な話ですが、そこまでして救ってくれるからこそ、国家を信頼できたんですよ。

小林　そうですね。居留民保護のために大陸へ出て行くのを「軍部の横暴だ」と考える人もいるけれども、居留民保護のために本隊を出動させるのは、どんな国でもやっていることですよ。ところが今の日本は、北朝鮮に同胞が拉致されても何もしない。

堀辺　国家がもっとも基本的な責務を果たしていないのですから、これは国家不信になりますよ

＊3…ライブドア代表取締役社長を務めていた堀江貴文氏は風説の流布、粉飾決算など証券取引法違反容疑で東京地検特捜部に平成18（2006）年1月、逮捕された。一審で懲役2年6か月の判決を受けたが、控訴し、保釈金のべ5億円で保釈された。

ね。

小林　アメリカのことはあまり褒めたくないけど、たとえば『ブラックホーク・ダウン』[*4]みたいな映画を観ると、敵にアメリカ兵が捕らえられたときに、彼らは何人もの犠牲者を出しながらも絶対に救い出そうとするわけです。あれは大したもんだと思いますよ。

堀辺　信頼というのは、合理的な計算とは別のところで成り立つわけですよね。

小林　ところが安易に「国益」を口にする今の政治家は数字のことしか考えないから、「100人の拉致犠牲者を救うために、ミサイルで100万人が殺されてもいいのか」と言う。そこにあるのは、単純な計算に基づく損得勘定だけなんですよ。

堀辺　そこが、戦後日本が国家として抱えている一番の貧弱さです。「国益」の上に「正義」という価値観があることを忘れてしまったんですね。本来は、「義」を追求することが文明の基本だと私は思います。そこを忘れて国益のことばかり考えていると、個人同士の私欲に基づく競争と同じようなことしか行なわれなくなる。今や日本人の価値観といえば、一個人の私的な利益、一企業の利益、一国家の利益ということだけですよね。正義というものを忘れた国民は、そういう価値観しか持てない。これは、私に言わせれば「片目」しか開いていないということです。も

＊4…1993年のソマリア内戦を舞台に、米特殊部隊による救出劇を描いた作品。2001年、リドリー・スコット監督。

ちろん、国益の追求は政治家として当然のことですよ。しかし一方で正義も追求しなければ、世界から信頼や尊敬を受けない国家に転落してしまい、結果的には国益も損なわれてしまう。国益と正義を共に追求する「両目」を持つべきなんです。ところが今の政治家は、伊達政宗とは違う悪い意味の「独眼竜」になってしまっている。白内障か緑内障かはわかりませんけどね（笑）。

小林　景気回復していることだけを喧伝して、何となくシラけた感じのまぶしい明るさを感じてはいるけど、そこに明瞭なビジョンは何も見えていないという意味では、きわめて白内障的な風景を政府は見ているんじゃないですか。

堀辺　しかも視野狭窄だから、緑内障的政治とも言えますね（笑）。

倒幕の志士も白虎隊も共同体のために個を捨てた

小林　正義と国益という話で思い出すのは、以前、国会である議員が武士道の話を持ち出して、「市場競争原理主義だけではまずい。武士道のような道徳も必要ではないか」という趣旨の発言をしたときのことです。それに対して、当時の小泉首相は「日本の武士も多くは利に転んだんですよ」なんて言っていた。

堀辺　それは、先祖や歴史に対する実に傲慢な判定だと思います。もちろん、どんな時代でも、利に転ぶ唾棄《だき》すべき人間はいますよ。しかし巨視的に武士という階級全体を見たら、とてもそんなことは言えません。たとえば幕末の武士たちは、何百年も保証されてきた階級的な特権を自ら捨てて、国を守ろうとしました。その自己犠牲によって、独立日本が誕生した。もし幕末に多くの武士たちが利に転んでいたら、近代日本は存在していないんですよ。

小林　そうですよね。幕府側についた白虎隊[*5]にしても、そこには何の私的利益もない。にもかかわらず、少年たちが忠義のために切腹して果てるわけでしょ。

堀辺　あの時代は、幕府側も倒幕側も、それぞれ目指す政策は大きく違っていたけれども、「個人を捨てて共同体のために尽くす」という点では同じ価値観を持っていました。薩長は外国の侵略に対抗するために、倒幕して日本という大きな共同体をまとめ上げようとした。それに対して白虎隊のような人たちは、ひとつの藩という共同体のために尽くしたわけです。いずれにしても、個人の利益には目を向けていない。大東亜戦争だって同じです。

なるほど、「武士が利に転んだ」と言う人なら、靖国神社に祀られた英霊について「心ならず

＊5…戊辰戦争の際の会津戦争で会津藩が組織した少年部隊。城の火災を落城と誤解して多数が自刃した。

も戦場に赴き」と言ってしまうのもわかりますが、あれは「心ならずも」じゃない。郷士や日本の国柄を守るために、彼らは心から本気で戦った。武士の伝統は大東亜戦争の時代にも残っていたんです。それが小泉さんにはわからないんですね。武士道に対する理解が浅薄なんですよ。

小林　小泉にかぎらず、そういう共同体を守るための戦いを今の政治家がやっているのかというと、きわめて怪しい。そこが問題なんですよね。

堀辺　小林さんが『戦争論』で描かれたとおり、「自分の家族だけ守りたい」と思う自分と、「公のために尽くしたい」という自分が葛藤したとき、戦前の日本人は多くの場合、後者を選びました。それは苦渋の選択だったでしょうし、建前といえば建前かもしれない。しかし、およそ道徳というものはすべて建前だと私は思います。キリスト教だって、「右の頬を叩かれたら左の頬を出せ」なんて建前を言うじゃないですか。

小林　今の世の中は、「建前で物を言うな。本音で言え」みたいなことを言い過ぎているきらいがありますよね。本音で言うことだけが正しいと思われてるようだけど、本当はそうじゃない。わし自身、「小林先生は本音でおっしゃるのがいい」なんて言われることがあるけど、そんなふうに褒められても嬉しくないですよ。ところが若い連中は、ホリエモンが「女は金でついてくる」なんて身も蓋もない本音を口にすると、「すごい」と感心する。そんな単なる本音の何がすごいのか、全然わからん。

武士の心情は「俺はもう死んでいる」

堀辺　「本音」というのは、あからさまに言うと、人間の動物的な欲望のことです。もちろん、腹が減るからメシを食いたくなるわけで、動物的本能がなければ人間は生きていけません。ただし、人間が動物と違うのは、一方ではその欲望を抱えながらも、自分の志や美意識を実現するための努力をするところでしょう。誰にでも欲望や私心というものはありますし、それに引きずられそうになることもある。しかし、たとえば特攻隊の人にしても、倒幕の志士たちにしても、あるいは白虎隊にしても、そういう自分の弱さを克服して私欲を捨て、「かくあるべし」という建前を通した。小林さんが『戦争論』で描いたのも、そういう葛藤に苦しみながらも「公」のために命を捨てた特攻隊の姿ですよね。「本音」で生きるのが正しいと思っている今の日本人は、そこに気づいていないんです。人間というものをトータルに理解していない。私はヒューマニズムなんて言葉を使いたくはありませんけれど、もしそれに価値を見出すならば、この葛藤にこそ目を向けるべきでしょう。生まれながらの聖人君子みたいな人が特攻隊や白虎隊になったのなら、私はそんなことに感動しませんよ。われわれは常に欲望の渦の中にあるくだらない人間で、聖人君子ではない。きれいな女の人の大きなオッパイを見れば、ちょっと触ってみたいと思うのが男の性《さが》です。それも含めてヒューマニズムじゃないですか。

小林　ちょっと触るぐらいじゃ済まんでしょ、本音では（笑）。

堀辺　そう。もっと凄いことも考える（笑）。でも、それをやったら人間として最低だと自分に言い聞かせながら生きているわけで、そこで建前を取ることにこそ人間としての価値があるんですよ。『葉隠《はがくれ》』*6もそうですが、武士道が「いつも死んだつもりでいなさい」と教えるのも、生きるための本能的な欲望を捨てさせるためです。たとえば腹が減っても、自分がもう死んでいると思えばメシを食いたいという欲望も我慢できるでしょ。

小林　「おまえはすでに死んでいる」という漫画はありましたけど（笑）、武士の場合、「俺はすでに死んでいる」なんだ。

堀辺　目の前にデカパイがあっても、すでに死んでいる人間は手を出しません。死んだ気になれ

＊6…江戸時代の武士、山本常朝の談話録。武士の心得を説いた。

ば、私的欲望に身を委ねることはなくなるわけです。「武士道と云ふは死ぬ事と見つけたり」という『葉隠』の有名な一文を、単に戦場で勇敢に戦うための教訓だと理解している人が多いのですが、これはそれだけのものではない。もちろん、最初はそこから発生したものではありますよ。しかし、江戸時代ぐらいになると武士階級もかなり進化していて、戦場での有効な戦い方を追求するだけの存在ではなくなっていました。だから、ただ恐怖心を克服するためではなく、欲望をコントロールして公に尽くすために、死んだ気になる。たとえば不正なお金儲けの話が舞い込んで来て、自分の中で私益と正義を天秤にかけたときに、「俺はもう死んでいる」と思うことができれば、お金のために手を汚すことは絶対にないわけです。

ここが、武士道の要諦なんですよ。つまり、現在の資本主義とは人間の類型そのものが根本的に違うわけです。資本主義は、私的欲望をどれだけ満たせるかという基準であらゆる社会的な価値を測る考え方ですよね。そこには、より多くの欲望を満たせる社会ほど文明が進歩している、という尺度しかない。しかし、この考え方にそろそろ待ったをかけなければ、人間も、地球そのものも、いずれ破壊されてしまいます。その意味でも、欲望を抑制する武士道の精神を見直すべきだと思いますね。

小林　しかも、その資本主義的な欲望には際限がない。わしは昔『少年ジャンプ』で描いていたんですが、あの雑誌のシステムはきわめて資本主義の論理に近いんですよ。読者の人気投票がすべてだから、その順位が上がらなければ連載を続けさせてもらえない。「もっと上に、もっと上に」と欲望を果てしなく拡大再生産していくんです。

わし、『東大一直線』の続編で『東大快進撃』を描いて、主人公が東大に合格する寸前まで行ったときに、人気投票で1位になっちゃったんですよ。そうなると当然、商売をやってる人間は「ここで終わらせるのは惜しい」と思いますよね。主人公が東大に入学したら終わらざるを得ないから、「ここはあえて不合格にして連載を続けさせよう」という話になりかねない。合格さえしなければ、また新たなライバルを登場させるなり何なりして、いくらでも話は続けられるわけです。でも、そんなことを果てしなく続けていたら、描き手のほうはものすごく消耗してしまう。だから、わしは「これはヤバい」と思って、「もう東大に合格したところでこの作品は終わりです」と、無理やり終わらせてしまったんです。人気投票でトップを取った途端に最終回ですから、編集者とのあいだには軋轢《あつれき》も生じましたけどね。もちろん、あの雑誌からは名作もたくさん生まれているから、ジャンプ方式を全面的に否定はしません。でも、拡大再生産が無限に続いていくことに対しては、やはり疑問を抱かざるを得ない。

堀辺　自分にとって不本意な形で描き続けてまで、その競争に勝ちたくはなかったということですよね。その気持ちが自分の中から湧いてくることが大事なんですよ。ところが資本主義というのは、競争自体が目的になっているから、その行為が本人の本意にかなっているかどうかは関係がない。もちろん、競争がなければ人間は頑張れないのはたしかですから、それはいいんです。『少年ジャンプ』の人気投票システムも、その点では意義があったでしょう。しかし、ひとたび競争の目的が不明確になると、人間は虚しさを感じるんですね。そして資本主義というのは、その競争の目的を問われたときに、せいぜい「豊かになる」ぐらいのことしか言えない。アダム・スミスの時代から、経済学者は「自由競争させれば豊かになる」と言うだけなんです。しかし、じゃあ人間は豊かになればそれでいいのか。他の価値観は何もないのか。小林さんが感じたのも、その虚しさじゃないかと思います。

株価のために独立が脅かされている台湾

小林　数年前に『台湾論』を描いたときに、そういう資本主義のあり方に対する懸念についても少し触れたんですよね。たとえば日本で山一證券が経営破綻して、幹部たちが涙を流しながら謝罪会見を開いたときに、台湾の人たちはそれを見て笑うんですよ。「明日からリヤカーでも引けばいいじゃないか」とか言って、何とも思わないわけ。実際、台湾ではベンチャーなんか簡単に始められるから、どこを向いても社長ばっかりですよ。どこかの企業に雇われていた人が、1年後に会ったら社長になっている。

そういう社会だから、庶民もみんなで株価ばっかり見ているんですね。証券取引所みたいなところには常に爺さんや婆さんがウヨウヨと集まっているし、会社でもみんな仕事の最中にインターネットを見ながら株のことを気にしている。だけど、株価を上げ続けるためには、台湾の企業が中国に進出して行かざるを得ない。小さな台湾の中だけでは、もう拡大再生産ができないんです。だから台湾の企業が、従業員の家族も含めて100万人ぐらい中国に行ってしまうような状況になっている。中国共産党は、それを自分たちのルールで縛りつけられるんですから、ホクホクしていますよ。台湾の国民党と中国共産党の妥協も進んで、中国との交易がどんどん進められる。そうやって、台湾は株価アップと引き換えに国家の独立すら脅かされる状態になっているわけです。

堀辺 それが市場原理というものですよね。欲望を拡大するためには、ひたすら市場を大きくしていかなければならない。結局は、国家の独立を脇に置いてもお金が儲かればいいという発想になってしまう。

小林 そうなんですよ。だから、今やネイティブの台湾人である本省人ですら、独立志向の強い民進党ではなく中国寄りの国民党の支持者になったりしている。とくに若い人なんか、李登輝[*7]の悪口ばっかり言うような雰囲気になっているんですよ。拝金主義の果てに国を失いかねない状態になっている。『台湾論』ではそれを不安視したんですが、もはや人の心配をしている場合ではないですよね。こんどは日本がそうなってしまった。規制緩和でどんどんベンチャー企業を起こさせて、子供にも株式投資の勉強をさせている。

堀辺 その象徴がホリエモンだったわけですね。自民党が郵政選挙で彼を応援したのも、そうい

＊7…台湾の民主化を推進した前台湾総統。台湾独立の象徴ともされる。台湾の急激な中国投資に「戒急用忍」（急がず、忍耐強く）と警告を発した。

う価値観こそが正しいと考えていたからでしょう。

小林　だから、いくらホリエモン個人をバッシングしたってしょうがないんですよ。ああいう人間が活躍できるような舞台を用意してしまった小泉改革そのものが問題なんです。そこには、資本主義的な欲望の拡大再生産は無限に続くはずだという信仰のようなものがある。

堀辺　アングロサクソン的な価値観だけに染まっているんですよ。でも日本には本来、たとえば金ピカの茶室を作った豊臣秀吉を「品のない奴だ」と笑うような文化がある。それで、千利休との確執も生じたわけです。「黄金を認めない茶室は許さん」という秀吉に対して、千利休は「黄金だけが茶室ではない。むしろ、その辺に転がっている材木を持ってきて張りつけるようなものこそ茶道の精神だ」と侘《わ》び寂《さ》びを尊重したわけです。そういう意味では、小泉元首相は信長ではなく秀吉的ですね。黄金にしか価値を見出せないのは、頭だけで考えているからでしょう。ハートとヘッドが連動していない奴は、美しいもの、情緒あるものを見ても感動しない。

小林　大脳の側頭部ばっかりが肥大していて、情緒を司る前頭葉が未発達なんじゃないですか（笑）。情緒で物事を把握せず、目に見える情報だけを問題にして損得の計算ばっかりしてるわけだから。

剣豪が授けた「目を閉じる」作戦

堀辺　そう考えると、「目」にまつわる文化も西洋化していると言えるかもしれません。外界を認識するために「目を開いていろ」というのが、西洋人の文化だからです。目は外の世界を認識する器官ですから当然といえば当然なのですが、私はそこに、西洋の自然科学の限界があるような気がしてなりません。というのも、「目を開けろ」という西洋の文化に対して、日本には「目を開いているだけでは真理はつかめない」と考える文化があるんです。ちなみに武士の世界には、「一眼二足三胆四力」という、「目」の大切さを説く言葉がありました。これは、武士なら誰でも知っていた常識的なものです。

小林　足や胆力よりも、まず第一に「眼」なんですね。

堀辺　ええ。しかも、その「眼」は肉眼のことだけを指しているのではありません。たとえば宮本武蔵は、相手をよく見るためには「見の目」と「観の目」の両方が必要だと言いました。「見の目」は肉眼のことですが、それだけで動きを追っていると、相手の意図が見えなくなる。だから心を働かせて「観の目」で見なければいけないというわけです。肉眼で認識したことを材料としながらも、それだけにとらわれることなく、心で見抜いたものも総合しながら相手の意図を判断する。そうしないと、相手の表面的な動きに惑わされてしまうんです。

小林　相手はフェイントをかけたりして、一生懸命に騙そうとしますからね。

堀辺　こんな話もありますよ。あるとき、剣術の苦手な侍が町で別の侍とすれ違ったときに、刀の鞘と鞘がぶつかって、戦わなければならないハメになったんですね。これは「鞘当て」と言って、武士の世界ではケンカを売ったという合図なんです。でも、その侍は自信がないものだから、「今は殿様のお使いの途中だから、それを果たしたら必ず戻る」と言ってその場を離れました。そして、千葉周作の道場を訪ねたんです。江戸時代、剣術で一番大きな流派（北辰一刀流）の創始者ですね。侍に相談を受けた千葉周作は、こんな手を授けました。「相手と対峙したら上段に構えろ。目をつぶって絶対に相手を見るな。そして身体がどこかヒヤッとしたら、刀を振り下ろせ。おまえは殺されるかもしれないが、相手を斬ることは必ずできる。そうすれば武士としての面目は保てるだろう」というんです。侍はさっきの場所に戻ると、言われたとおり目を閉じて上段に構えました。相手はいろんな動きをして攻めようとしましたが、その侍が微動だにしないで落ち着いているので、「これは相当な剣の使い手だ」と思い、「お手前の勝ちだ」と降参したそうです。

小林　はー。面白い話だなぁ。西洋人だったら、絶対にそんな反応はしないでしょうね。

堀辺　東洋の場合、そうやって「目を閉じる」ことを重んじるのは、武士の世界だけではないですよね。たとえば禅宗のように、閉眼や半眼の状態で座ることで、自分自身と向き合うという文化がある。われわれも道場で稽古した後に、必ず黙想をします。目を開いてばかりいると、自分の外側にある情報ばかりを取ってしまい、自分自身に心が向かないからです。私は今回の手術の後、目が見えない状態で何日間かの入院生活を経験しましたが、やはり目がふさがれていると自分の内面に意識が向かうということを再認識しました。そして、西洋的な思考にどっぷりと浸った近代人は、外から情報収集することばかり考えて、内側への目を失いつつあるんじゃないかと改めて感じた次第です。

小林　たしかに国会の論戦を見ていても、つまらない情報の真贋論争に明け暮れている。本当なら、たとえば今の新自由主義的な政策が日本にとって正しいのかどうかといった理論的な論争をやるべきなのに、民主党のほうもそれができないものだから、目に見えるわかりやすい攻撃対象ばかり探そうとする。

堀辺　しかも、自民党議員のスキャンダルを暴いた途端に、民主党でも同じ問題が噴出することも多いですからね。相手のあら探しをする前に、自分たちのことを見つめ直したほうがいいですよ（笑）。私は入院中、もし本当に目が見えなくなってしまったときには、今まで以上に精神的なことを考える人間になるんじゃないかという気がしましたね。そのときふと頭に浮かんだのが、唐僧・鑑真《がんじん》和尚のことです。日本への渡航に5回も失敗して、ようやく来日を果たしたときには失明していた。もちろん、それ以前から高徳な人物だったのでしょうが、失明によって外界からの視覚情報を強制的に断たれ、自分の内側に意識を集中せざるを得なくなった結果、あれほどの高僧になり得たのではないか。そんなことを、病院のベッドで考えたりしたんです。

小林　わしも、手術がうまくいかなかったらどうなるんだろう、ということは考えましたね。ただし、自分の内面に向かうことを考えた堀辺さんと違って、どうしても外部の情報をいかに取り入れるかを考えてしまう。見えなくなってしまったら耳に頼るしかないわけだから、その場合は音楽の世界に移行するしかないのかなとか、そんなことを漠然と考えました。もちろん、鑑真のように本当に視力を失った場合は、そんな想像では済まない絶望感を味わうだろうと思いますけどね。

堀辺　ええ。おそらく、相当に深い絶望があったと思います。その大きな絶望を越えないと、鑑真みたいな境地には到達しないんでしょう。

伊東一刀斎の「二つの目付」

小林　わしは、講演会に来てくれた耳の聞こえない読者と手話通訳を介して話したこともあるんですが、そういう人たちのことを考えると、ちょっと目の手術をしたぐらいで大騒ぎするのは後ろめたい気持ちにもなりますね。ベートーベンなんか、耳が聞こえなくなってからも偉大な音楽を作り続けたわけで、その生命力にはすごいものがある。自分自身にそれほどの生命力があるかどうかは、絶望の淵に沈んでないからわからない。けれど、わしも入院中は、それなりに自分の内面と向き合ってたような気がしますね。そのせいか、手術後は性格や生活がずいぶん変わりましたよ。30年ぶりに朝型の生活になってしまったし、今まで急き立てられるように仕事をしていたのが、「自分ひとりで世の中を変えられるわけでもないし、まあ、どうでもいいか」みたいな感覚になってきた。退院して自宅の書斎に入ったとき、今まで見えなかった本の背表紙のタイトルがすべて目に飛び込んできて、吐き気がしてね。これは家におれんと思って、箱根に行ったんですよ。でも、外界の情報を受けつけない状態になっていたんでしょう。彫刻の森美術館に行っても少しも面白くない。その辺に咲いてる野生の花なんかのほうが新鮮に見えるんです。ものすごく鮮やかな原色を自然の植物が出していることが妙に不思議に感じられたりして。

堀辺　自然回帰して、赤ちゃんのような状態になっていたんでしょうね。

小林　戦う意欲もなくなってしまったから、仕事に戻るのに苦労しましたよ。しかも、戻っていく先は、結局のところ資本主義の社会じゃないですか。

堀辺　そうですね。何だかんだ言っても、現実的にはそこで戦わざるを得ない。

小林　そこで仕事をしないと、家族や従業員を食わせることもできないわけです。でも、自分の中にある種の邪念みたいなものが生まれないと、そこに戻る決心がつかないんですね。あまりにも無垢な感覚になってしまっていたから、資本主義の泥にまみれる気持ちになれない（笑）。だから、思い切って肉なんかを食ったりしながら、無理やり邪念が湧くように仕向けているうちに、ようやくスケジュール帳が気になり始めたんです。ただ、復帰したとはいえ、仕事に対する感覚は以前と必ずしも同じではない。今までは、どこかで視野狭窄の世界になってたんじゃないかという気がしましてね。もっと自分の描きたいものが何なのかをじっくり考えて、好きなものだけ描いてればいいんじゃないかと思うようになりました。

堀辺　私も同じような心理状態になりましたよ。もうひとつ、退院したときに思い出したのは、戦国・江戸初期に活躍した剣客で、現在の剣道の原型を作った伊東一刀斎《いとういっとうさい》という人の教えの中にある「二つの目付」という言葉でした。これは、先ほどお話しした宮本武蔵の「観の目・見の目」とはまた違って、「相手だけ見るのではなく、自分を見ろ」というものなんです。敵と戦うためには、もちろん相手の動きを見て情報を得なければいけません。しかし、剣道はそれだけではいけない。自分は何者なのかということにも目をつけないと、勝つことはできないという教えなんです。伊東一刀斎というのはもともと無学な人物だったんですが、実戦を通じて「一刀流」と呼ばれる流派を築き上げました。誰かに教わったわけではなく、ひたすら剣の道を突き進む中で見出した極意が、「二つの目付」だったんですね。それを退院するときに思い出して、自分もこれからは「二つの目付」を忘れるまいと自らに言い聞かせたんです。

小林　国益一辺倒の「独眼竜」になってる政治家たちも、一度入院しないとダメですね。

武士ズム【第三章】

武士道究極の処世術「武備恭順」とは何か

小林　人生には、信念を貫くべきか、信念を曲げて現実と折り合いをつけるのか、難しい選択に迫られる場面がありますよね。信念を貫くのは立派だけど、その結果、現実の前に敗れ去ることもある。たとえば平成17（2005）年の衆院選で、郵政民営化に反対したがために「刺客」を送り込まれて落選してしまった人たちは、あそこで信念を貫くのが果たして得策だったのかどうか。わし、片山さつきに負けた城内《きうち》実さん[*1]とは面識があるんですが、いまでもどういう言葉をかけてあげればいいのか考え込んでしまうんです。

堀辺　政治家に限らず、そういう岐路は誰にでもありますよね。会社の中でどう上司と折り合いをつけるのか。会社あるいは自分の利益と、社会あるいは国の利益が矛盾する場合、どう身を処するのか。人生は常にその選択であるともいえますね。

小林　わしの熱心な読者にも純粋な人が多くて、たとえば『わしズム』で狂牛病（ＢＳＥ）問題を取り上げたときには、勤めていた牛丼屋が米国産牛肉の輸入再開に熱心だということで、そこ

＊1…郵政民営化選挙の静岡7区で、自民党新人の「刺客候補」として立候補。民営化に反対する城内実氏（無所属で出馬）に勝利した。

を辞めてしまった若者もいるんですよ。これも、どう声をかけていいのかわからない。そこまで生真面目に考える必要はないような気もしましてね。本人にしてみれば信念を貫いたつもりだろうし、それはもちろん立派なことではあるんだけど、人生全体を見渡して現実的な処世を考えた場合は、時には折り合いをつけて賢く立ち回る選択肢も考えたほうがいいんじゃないかと思うんですよ。それを「処世術」と呼ぶと、「風見鶏」とか「寄らば大樹の陰」みたいな悪いイメージもあるんですけど。

堀辺　出世のために嫌いな上司にゴマをするような、小手先のテクニックという感じでしょうか。でも歴史を振り返れば、本来の処世術とはそういうものではありません。というのも、今の社会では処世に失敗してもやり直しが利きますよね。あの郵政選挙で落選した人たちにしても、次の選挙で返り咲くチャンスはあるわけです。しかし、たとえば乱世を生きていた武士の場合、選択を間違えば命の保証がない。一族郎党が皆殺しになることもある。やり直しが利かないから、処世に対する覚悟は今とは違いますよ。

小林　そうか。やり直しの利かない時代と、やり直しの利く時代とでは、処世術もおのずと違ってきますよね。昔はやり直しが利かなかったから、ひとつひとつの選択がいわば命懸けの「ファイナル・アンサー」だったわけだ。

「功名が辻」とは「自己実現の交差点」

堀辺　その意味では、侍ほど処世術に長けていた日本人はいないでしょうね。司馬遼太郎さんの『功名が辻』[*2]がNHKの大河ドラマになりましたが、このタイトルは昔の侍が置かれた立場を端的に示しています。「功」は戦場での手柄や実績のことで、これは私的な利益と結びついている。戦場での働きによっては、たとえば1000石の武士が3000石になったり1万石になったりするわけです。一方の「名」は公的な名誉のこと。そして「辻」というのは十字路、つまり交差点のことですから、「功名が辻」とは、利益を追求するか名誉を取るかの選択を迫る、いわば「自己実現の交差点」のことなんですね。昔の武士たちは、常に「功」と「名」を両天秤にかけながら、その微妙なバランスの中で生きていた。だからこそ、その場しのぎのテクニカルな処世術ではなく、人生の最終目的を見据えながら培った本質的な処世術が身についたわけです。

それこそ明智光秀にしても、出世頭として信長の命令に従い続けるという選択肢もあった。な

＊2…初代土佐藩主・山内一豊の妻、千代を主人公にした歴史小説。「ぼろぼろ伊右衛門」と呼ばれるくらいさえない夫の一豊を、妻・千代が励まして、立身出世を支えていく物語。

にしろ、信長の配下の中で一番最初に城を与えられたのが明智光秀ですからね。羽柴秀吉よりも上のポジションで、出世競争のトップを走っていたわけです。しかし彼は、主君を殺すという処世を選びました。それによって天下を取れるという展望がある半面、逆賊として抹殺される恐れもあったにもかかわらず、信長の下で出世を果たしても自らの信じる価値観を実現できないと考えて、そちらを選んだわけです。

小林　本能寺の変は、面目をつぶされた光秀が私怨によって起こしたような言われ方をするけど、実は彼には彼の理念があった。信長の覇権主義とは違う、もう少し品格のある治政を行なおうと考えていたんですよね。つまり自分の出世という私的利益よりも、公的な理念を達成する道を選んだ。

堀辺　ええ。自分の価値観や人生観が信長と対立していたからこそ、そのまま出世をしても自分の理想を実現できないと考えた。これは、今のビジネス書に書かれているようなサラリーマンの処世術とはまったく違うものです。社長に気に入られるための話し方とか、接待のときの立ち居振る舞いとか、そういう小手先のテクニックが「処世術」だと思われていますが、本来の「処世」とは、そういうものではない。自分の生き方を貫けるかどうかの究極の選択なんです。

別に戦国時代まで遡《さかのぼ》らなくとも、そういう処世の感覚は戦前の日本人にもありました。たとえば石原莞爾[*3]や東条英機[*4]などの昭和の軍人を見てもそうです。当時は国策に関してさまざまな意見があり、そこには対立もありましたが、各自がそれぞれに光秀が抱いていたような覚悟を胸に秘めていたと思うんですね。強い覚悟を持って理想を追求していたからこそ、たとえ政治的には何らかの失敗があったとしても、彼らの処世には男として共感できる爽やかさのようなものがある。もちろん戦国時代の武士の世界にも、それこそ草履取り時代の秀吉が信長の履き物を温めておいたとか、そういう小手先の処世術はありましたよ（笑）。戦後日本人の処世術はそれに似たスケールの小さいものばかりになってしまったわけですが、本来は、自分の魂を売ることなしに理念や信念を追求する姿勢こそが、処世術の基本だと思います。

意外とドライに妥協していた侍

小林　その場合、信念を貫いて起こした行動が、結果的には失敗してしまうこともあるわけですよね。光秀も結局は天下を取れず、したがって自分の理想を実現することもできなかった。これ

＊3…関東軍参謀副長などを務めた昭和の軍人。陸軍きっての戦略家として知られ、『最終戦争論』では、兵器の発達によって最終的に人類は戦争ができなくなると、核抑止力時代の国際関係の到来を予見した。

＊4…陸軍大臣、参謀総長などを歴任した陸軍軍人。日本がアメリカと戦端を開いたときの首相であり、戦後は東京裁判で「A級戦犯」として処刑された。

は、あまり有効な戦い方とは言えません。だからこそ、「ここで信念を貫いても玉砕戦法になってしまう」と判断して、当面は理念に反する行動を取る選択、つまり「迂回戦術」もあり得るわけですよね。たとえば郵政民営化のときも、本当は反対なのに賛成票を投じたり、採決を欠席したりした議員がいました。「ここで自民党を追われたり議席を失ったりすれば、自分の理念を実現する手段を失うことになる」という理屈が、そこにはあるわけです。ところが外から見ると、それが臥薪嘗胆《がしんしょうたん》のための迂回戦術なのか、単に腰砕けになって信念を曲げてしまったのか、見極めが難しい。一方、最後まで反対を貫いた人は、それによって得た信頼が次の戦いにつながる可能性があるから、長い目で見れば玉砕戦法ではなかったということにもなるでしょう。逆に、途中で態度を変えた人は、「ただの風見鶏じゃないか」と思われる恐れがある。

堀辺　たしかに、「現時点で信念を通せば敗北しかない」という局面が人生にはありますよね。それでも信念のままに突っ込むのが正しいのか、あるいは、いずれ本来の目的を達成するために一歩引いて時期を待つのが正しいのか。武士の世界を見てみると、辛抱していればチャンスが訪れるという見通しがある場合、意外とドライに妥協しています。ただし、それはひとつしかない自分の命をいかに使うかという考え方が、遺伝子のように彼らの人生観に叩き込まれていたからなんですね。だから、ただの犬死にで終わってしまうような段階では、あえて節を曲げて我慢する。こんなレベルで滅び去っても意味がないという場合は、歯を食いしばって屈辱に耐えるのが真の勇気だと考えるわけです。

小林 なるほど。周囲に「弱腰だ」と罵られても、言い訳をせず黙って我慢するわけだ。

堀辺 しかし、それ以上は我慢できない極限的な状態では、たとえ敗北することがわかっていても、命を賭けて信念を貫くのが侍の処世術です。たとえば大塩平八郎がそうでした。大坂町奉行与力だった彼は、上司や同僚から「命令違反だ」と批判されながらも、自ら蔵書を売り、借金までして、過酷な税金に苦しむ町民たちを助けていたんですね。同時に、幕府に改善を求める要望書を何度も書き送っています。しかし、そんな彌縫《びほう》策を続けていても、根本的な解決にならないことはわかっていた。つまり妥協していたんです。しかし最後は、豪商が幕府の命令で米を買い占めていたことに怒り、門弟や民衆を募って豪商の家に大砲をぶち込んだ。当然、敗北は覚悟の上だったでしょう。それでも、その行動によって自分の理念が後世につながるだろうと見通したから、彼は蜂起した。実際、「幕末は黒船が来てから始まったのではなく、大塩平八郎の乱から始まった」と言う人は大勢います。彼の生き方が、幕末の志士たちに受け継がれたんですね。

単に爆発したのではなく、役人としてギリギリの状態で我慢に我慢を重ね、努力をした末に怒り心頭に発して決死の行動に出たからこそ、彼の身を挺した幕政批判が志士たちの共感を得たのでしょう。侍の処世術には、常にそういう命懸けの緊張感がありました。今はマキャベリの『君主論』みたいなノウハウを書いたビジネス書ばかり書店に並んでいますが、これは日本人の伝統的な生き方につながっていない。それはむしろ、西郷隆盛が嫌っていた英国紳士に近いものでしょう。英国人は国内では紳士かもしれないけれど、国から一歩外に出れば、まさにマキャベリ的な権謀術数を駆使して植民地支配を行なっていたわけですから。

小林　負けを覚悟で身を滅ぼす選択もあり得るのが武士の処世術だったのに対して、今のサラリーマン向け処世術には「あえて負ける」という選択肢が入っていないわけですね。いかに自分が利益を得るかという「保身のための処世術」しかない。

ホリエモンと村上世彰の醜い処世術

堀辺　真の処世術を持たない戦後日本人の醜さが集約されているのが、ライブドアや村上ファンドの問題です。歴史や伝統という鏡に彼らの生き方を照らしてみれば、それが何の覚悟もない処世術だったことがわかるんですね。たとえばホリエモンなんか、ライブドアの事件で逮捕されたとき、みんなが「社長の命令で遂行した」と言っているのに、「俺は何も知らないよね」と部下に責任を押しつけようとしている。そのために、長く彼を支援してきた他の財界人も「なんだ、おまえだけ助かるつもりかよ」と腹を立てて、実に醜い人間関係が露呈してしまった。

小林　インサイダー取引で逮捕された村上世彰[*5]という人も、恐るべき人物ですよ。自分の「名」というものを一切考えず、ただ金を儲けるのみというだけの価値観で生きている。後ろ指をさされようが何しようがビクともしないという、あの居直り方はすごい。

堀辺　長い歴史が醸成してきた日本文化の美意識や価値観から完全に切り離されて、きわめて計算高くなっています。

小林　たぶん、資本主義こそが正義だと信じているんでしょうね。その価値観から見れば、日本は全然まともな資本主義になっておらず、正義が実現されていない。

堀辺　彼らに言わせれば、日本は「遅れている」ということになるわけです。

小林　まだ値段のついてない土地があるような状態じゃ真の資本主義ではない、という感覚なん

＊5…「物言う株主」として、企業買収の「村上ファンド」を設立。平成18（2006）年6月、ニッポン放送株取引をめぐってのインサイダー取引容疑で東京地検特捜部に逮捕される。一審で懲役2年の実刑判決を受けたが、控訴し、保釈金のべ7億円で保釈された。

だろうな。日本全国すべての土地に価格をつけないと気が済まない。

堀辺　ただ彼らには功績もひとつだけあったとは思うんですよ。明治以降の日本の資本主義はやや特殊なもので、経営者から経理の事務員や守衛まで含めて全部で「会社」という形でした。そのため、利益を上げてもあまり株主に配当してこなかったわけですね。ところが、マネーゲームで会社を動かす彼らの出現によって、企業経営者と株主のあいだに良い緊張感が生じるようになった。しかし、それぐらいしか彼らの功績は認められません。

小林　わしは、会社が株主のものという流れに棹さすことになると思うので、やはり警戒しますね。いわゆる日本的な経営は経営者（社長）と従業員が会社を通して「家族」のような一体感を持っていた。今や少数派になりつつあるようですが、それが日本企業の強みでもあったはずです。経営者が株主（株価）のほうばかり見始めると、企業がモノづくりや生産とは無関係にM＆Aなどで時価総額を果てしなく上げようとしてしまう。投資家もその企業のモノづくりに関するアイデアや将来性に投資するという話ではなくなっている。「こいつはいろいろ狡賢《ずるがしこ》いことをやって、株価だけは上げていくだろう」ということで投資するわけですよ。

堀辺　たしかに。それを「投資家」という言葉で呼ぶと、いかにも資本主義の最先端で活躍する実力者というイメージがありますが、日本人の伝統的な感覚でいえば、彼らのやっていることは要するに「博打《ばくち》」ですからね。そして、これまで日本では、博打でたまたま金を儲けた人間が世間から尊敬されることはありませんでした。村上世彰が逮捕されたときに「天罰が下った」という声があがりましたが、あれが本来、日本人にとっての健全な反応です。ところが今は一方で、「名」なんかどうでもいいから金儲けできればいいという処世を選ぶ男が増えている。

私の専門である格闘技の世界でも、最近、象徴的な「事件」がありました。これまでPRIDEで活躍していた桜庭和志が、K‐1(HERO'S)に電撃移籍したんです。PRIDEはこれまで、高田‐桜庭の師弟関係などある意味での古風さ、共同体意識が売りだったわけですが、それを根底から崩す事件でした。移籍の原因は、結局のところお金です。格闘技も野球やサッカーと同じように、年俸なりファイトマネーで次々と所属(共同体)を変えていく、その意味での仁義なき世界に成り下がった。

小林　ほかにも、ホリエモンが登場したときのことを思い出させる人間が格闘技の世界にいますよね。というのも、ボクシングの亀田3兄弟がスターになっていったプロセスは、ホリエモンとそっくりなんですよ。マスコミを巻き込んで露出度を上げていくと、あっという間に人気者になる。プロレスならともかく、ボクシングというシビアな世界でさえ、あんなふうに選手を芸能人みたいに売り出せるとは思わなかった。

堀辺　ボクシング界からも「リングの中ではもっと厳正な勝負をすべきだ」という批判が出ていますよ。たとえばタイ出身のイーグル京和《きょうわ》（WBCミニマム級チャンピオン）のように、「俺と試合をしろ。おまえらが戦ってきたのは、絶対に勝てる相手ばかりじゃないか」と言っている選手もいます。実際、彼らは「この選手なら勝てる」と関係者が査定した相手に勝ち続けることで、上昇してきたんです。ライブドアがニッポン放送株を大量取得した時間外取引[*6]と似ていますね。

小林　ルール違反ではないけど、完全にフェアでもないわけだ。しかし今は、そういうやり方に対して「金があれば何をしてもいいのか」と倫理的な拒否反応を示すと、「抵抗勢力」「守旧派」というレッテルを貼られてしまうんです。「弱肉強食の世界では勝った者が正しい」という価値

＊6…通常の取引時間以外に取引すること。これまでは企業の株式持ち合いや自社株買いのために想定されていて、企業買収のために時間外取引を使うことは想定外だった。違法性はなかったが、ライブドアの事件後、証券取引法が改正され、規制されることになった。

観に共感して、ホリエモンに惹かれた若者が大勢いたわけでしょ。ボクシングも弱肉強食の世界だから、勝っている限りは何をやっても許されてしまう。

堀辺　たしかにリングの中では、ルールさえ守れば弱肉強食の論理が通用します。でも、ボクシングがイギリスの植民地拡大と共に世界に普及した経緯を見れば、それが決してフェアなものではないことがわかるんですよ。

小林　どういうことですか？

堀辺　そもそも、ボクシングがなぜ世界的な競技になったのかを考えなければいけません。あれはもともとイギリスで発祥して、侵略と共に東洋に広まったわけです。つまり植民地政策と深い関わりがある。

まず大英帝国の植民地になった国の人々は、その軍事力や経済力の前に屈服せざるを得ませんでした。文明の力の前に無力感に苛《さいな》まれていたんですね。しかし一方で、「大砲や金の力を借りずに、一匹のオス対オスで戦えば、俺たちだって英国人に勝てるはずだ」という思いが心のどこかにあった。これは植民地を経営する側にとって、好ましいものではありません。そこで英国人はあちこちの植民地でボクシングを始めて、「素手で戦っても自分たちのほうが強い」ということを誇示しようとしたわけです。武器を使わないとはいえ、ボクシングには独自のルールがありますから、ただの喧嘩とは違いますよね。技術や戦術を身につけていない初心者が、経験者にかなうはずはありません。いくら現地では剛の者として知られている若者でも、2か月や3か月の練習で、何年もやっているイギリス人に勝てるわけがない。実際、植民地のボクサーはみんな英国人にKOされて、「素手でもイギリス人には勝てない」「自分たちは肉体的にも劣っている」と思い知らされてしまったんです。

小林　グローバル・スタンダードという名のもと、自分に有利なルールを公正なルールとして押しつけている今のアメリカと同じだ。

堀辺　したがって、ボクシングが世界に広まったのは、それが競技として優れているからではありません。英国が世界中を支配できるほど強かったから、自分たちがルールを決めたボクシングを強制することができたんです。東洋人の多い軽量級の呼び方にも、植民地支配の名残がありますよ。フェザー級は日本語でいうなら「羽根級」、フライ級は「ハエ級」ですからね。欧米人の多い重いクラスにそんな名前はつけません。

小林　ストロー級は「ワラ級」だもんな。たしかに侮蔑的だ。

ジャンプ競技のルール変更と東京裁判の事後立法

堀辺　そうやって、スポーツという美名の下に、弱肉強食の論理が押しつけられていったんです。共通のルールで戦うのは一見フェアなようですが、そのルールというのは例の万国公法[*7]と同じですよ。欧米の連中は万国公法の裏道を知り尽くしていましたが、後から学んだ日本はその使い方がよくわからなくて損をした。幕府が、英、米、露などと次々に結んだ通商条約で関税自主権を奪われたことや、日本が事後立法[*8]で裁かれた東京裁判にも、そういう欧米人の本性がさらけ出されています。

小林　スキーのジャンプでも、長野冬季オリンピックで日本勢が金メダルを続々と獲得したとたんに、板の長さや重量の規定を変えて、身長の低い日本人が勝ちにくいルールにしてしまったよね。結果、トリノでは「日の丸飛行隊」は惨敗した。

堀辺　最初は自分たちに有利だと思ってルールを決めたのに、自分たちが勝てなくなったら、コロッとルールを変えるわけでしょ。東京裁判の事後立法とまったく同じやり方ですよ。多くの日

＊7…近代ヨーロッパで通用していた国際法。関税自主権がないなど日本にとって不平等な内容だった日米修好通商条約締結の後ろ盾にもなった。

＊8…東京裁判は、ポツダム宣言に規定された通常の戦争犯罪を裁くものであったにもかかわらず、訴因とされたのは「平和に対する罪」「人道に対する罪」であった。日本側弁護団は、「法は遡らず」の事後立法禁止の法理を主張したが、却下された。

本人は、五輪のジャンプ競技と東京裁判は別次元のことだと思っていますが、そこに共通して含まれている西洋人の本性というものを見抜かなければ、日本は文化的な面から侵略され続けることになってしまう。

小林 日本の降伏についても、アメリカはてのひらを返しましたよね。日本はポツダム宣言を受諾して有条件降伏[*9]をしたのに、武装解除が済んだら、GHQは「日本は無条件降伏をした」と宣伝した。それを日本人も鵜呑みにしているんだけど、あれは向こうが卑怯にもルールを破ったのであって、日本は無条件降伏をしたドイツとは違うんだとはっきり言えばいいんですよ。

堀辺 そういう西洋人の卑劣さを孕《はら》んでいるから、私は無邪気に「スポーツは公正で素晴らしい」なんて思えないんです。「しょせんスポーツ」程度の感覚ですね。日本の武道のほうが、やはり意義深い。もちろん武道にも弱肉強食という側面はありますが、場合によっては個人の勝利や利益を捨てて公に尽くすという倫理観もある。弱肉強食の論理を超えようと苦悶する姿を、そこに読み取ることができるんです。ところが今の日本人はそういう文化を忘れて、「ルールさえあれば弱肉強食も許される。格差社会になるのも仕方ない」と思っている。

小林 その意味では、柔道をオリンピック種目にしたのが良かったのかどうかわからないですよ

＊9…米英などが日本に対して降伏勧告したポツダム宣言は「Following are our terms.（我らの条件は以下の通り）」と降伏条件を示していた。

ね。一本の取り方が変わって戦いに潔さがなくなってきたし、色のついた柔道着も認められてしまって、あれが本当に柔道なのかどうかわからなくなっている。

堀辺　本来の柔道は、修行を通じて武士道を体得することが究極の目的だったんです。武芸によって、戦闘者として必要な人格を形成する。だから、ある意味では勝ち負けを超えた面もあったわけです。しかし西洋から入ってきたスポーツは、ルールに基づいて勝負を決することがすべてという世界だった。その弱肉強食に徹した考え方が、柔道を変質させてしまったことは間違いないでしょう。

勝利のガッツポーズにはがっかりする

小林　スポーツ化して勝負がすべてになったせいなのか、日本人ですら勝った選手が畳の上でガッツポーズを見せたりするようになってしまった。

堀辺　あれはいただけませんね。がっかりします。自分が強者であることを誇示するのは、武道の精神に反する。そもそも、戦うこと自体を悲劇だと考えるのが、侍の伝統です。今の日本人は誤解していますが、たとえば戦国時代にしても、武士が好戦的だったせいで始まったのではありません。信長にしろ、秀吉にしろ、家康にしろ、統一政権を作ることで分裂した国を平和に治めるために、やむを得ず激しい戦いをしたんです。だから侍たちは、たとえ戦いに勝ったとしても、いずれは自分も敗者の悲惨さを味わう運命にあることを知っている。当然、そこでは敗者への思いやりが生じるんです。敗北した側への思いやりを尽くせない侍は、侍として認められない。

小林　ただ強いだけでは尊敬されないし、人気も出ないわけだ。

堀辺　それで有名なのが、戊辰戦争のときの庄内藩と西郷隆盛のエピソードですよ。庄内藩は官軍に敗れたわけですが、戦争の後で官軍の西郷が、まだ10代だった若い庄内藩主を上席に置いて家来の礼を取って尽くしたんですね。殿様に対して不遜な態度を取らなかった西郷の姿を見た庄内藩士たちは、自分たちが負けたにもかかわらず、すっかり西郷ファンになってしまった。「彼は真の武士だ」というわけです。だからこそ、いわゆる「西郷語録」も、庄内藩の人たちが後で西郷を訪ねて話を聞き出して作ったんです。負けた相手を思いやる人間は、それぐらい尊敬される。これが武士の精神です。戦争で勝った上に、負けた側を「おまえたちはこんなに悪いことをした」と責める東京裁判のような行為は、その対極にあるものだと言えるでしょう。昔の武士たちは、それは「絶対にやってはいけないこと」として、しっかり心に刻んでいました。当然、剣道や柔道などの武道にもその精神が流れていたんです。しかし明治以降は西洋的な弱肉強食のスポーツが入ってきて、徐々に日本の武道を変質させてしまった。

小林　たとえば、日頃はあれほど戦争が嫌だと言っている朝日新聞なんかでさえ、オリンピックで勝者がガッツポーズを見せるようになったことを、「現代の若者らしい素直な感情表現」などと言って称賛しますよね。その裏には、「自殺してしまったマラソンの円谷選手[*10]みたいに国を背負ってストイックに戦うのではなく、自分のためにオリンピックを楽しんだほうがいい」という個人主義的な考え方がある。でも実際は、そこには日本的な惻隠《そくいん》の情がまったく欠けているわけです。それを称賛する朝日新聞は、白人的な弱肉強食の論理に乗っかって、好戦的な人間を肯定していることになりますね。

堀辺　「自己実現」とか「自己表現」とか言うと聞こえはいいですが、いずれも先ほどの武士の「功名が辻」とは違って、私的な利益だけですよね。果たして「私欲」を追求する姿勢が、そんなに美しいものなのか。かつての日本では、仮に私欲を追求するにしても、他人に迷惑をかけないように抑制を利かせながらやっていました。武士だけではありません。たとえば江戸時代の庶

＊10…昭和39（1964）年の東京五輪で銅メダルに輝き、次のメキシコ五輪での金メダルを期待されたが、その重圧に耐えきれず、「父上様　母上様　三日とろゝ美味しうございました…幸吉はもうすっかり疲れ切ってしまって走れません」との遺書をのこして自殺した。

民であっても、まずは他人の迷惑にならないことが大事だということを親が子に教えていたんです。今はそれが古い道徳として否定され、私欲の追求に高い価値を見出し、競争が奨励されている。これは、猛獣を檻から解放して、「さあ、本能のまま自由に振る舞ってください」と言っているようなものでしょう。文明の名の下に、実に野蛮なことがまかり通っている。

中国のハニートラップを批判する「平和ボケ」

小林　そうやって国内では弱肉強食の競争を奨励しているくせに、日本が国際社会の中で熾烈な戦いにさらされていることに対する認識は甘いですよね。たとえば上海領事館員[*11]がハニートラップ（女性を抱かせて機密情報を入手する罠）にかかって自殺した事件では、産経新聞や保守派の連中が盛んに「中国が卑怯な手段を使った」と批判していました。でも外交なんて騙し合いなんだから、何でもフェアに行なわれていると考えるほうがどうかしてる。外交官のところに女が来るなんて、当たり前でしょ。それを罠だと知りつつ逆利用するぐらいのしたたかさがないと、話にならない。そこまでわかっていれば、全部いただいたっていいぐらいのもんですよ（笑）。

＊11…平成16（２００４）年、上海領事館の電信官が中国人女性との付き合いをネタに中国の公安関係者から日本の暗号通信を教えるように脅迫された事件。電信官は「日本を売らなければ、私は出国できそうにありませんので、この道を選びました」と遺書にしたためた。

堀辺　日本の外交官も、戦前まではそれぐらいのしたたかさを身につけていたと思いますけどね。利用されたフリをして女と楽しみながら、肝心な情報は絶対に渡さない。そういう情報合戦を、今は地球上で何百という数の国家が日常的にやっているわけです。軍隊同士の戦争はなくても、常にそういった熾烈な戦いがある。たとえばナポレオンは、戦争ばかりしていたから好戦的な人物だと思われていますが、実際は「戦争をしないで他国を支配できるのが一番良い」と言っていました。クラウゼヴィッツの『戦争論』や孫子の兵法にも、軍事的な衝突を起こさずに相手を騙して侵略すべしというようなことが書いてある。ところが戦後の日本人は、戦争や防衛というと、軍事力を使った戦いのことしか考えない。だから情報戦に関する国際的な常識が身につかないんです。常識がないから、マスコミも「女を抱かせるなんて卑怯だ」などとレベルの低い論評をする。完全に平和ボケしているとしか言いようがありません。

小林　そうそう。こんなもの、中国に抗議したってしょうがないですよ。外交官がホテルに泊まれば、盗聴器があるのも女が来るのも当たり前なんだから。ところがマスコミは、日本の外交が頼りないことを棚に上げてしまうんです。北朝鮮に拉致された横田めぐみさんのお母さんがアメリカに行って、ブッシュ大統領に面会したときにも、同じようなことを感じましたね。横田さんは我が子を救い出したいという一心だから、仕方ないと思うんですよ。そりゃあ親御さんの立場だったら、何の役にも立たない日本の首相より、アメリカの大統領に会ったほうが局面を打開できるかもしれないと考えるでしょう。しかし、それを見ている国民のほうは、「うちの総理大臣はいったい何なの？」という屈辱感を抱かないとおかしい。ところがマスコミもそれを美談として報じるばかりで、そういう事態を招いた自国政府の外交を批判するコメントはほとんど出てこない。

堀辺　たしかに、あれは屈辱ですね。なぜ横田さんが我が子を救うためにブッシュ大統領に協力を訴えなければならなかったか。それは結局、日本政府が怠慢だからですよ。国民を本当の意味で保護しようとする強い意志が感じられないからこそ、横田さんはアメリカに頼らざるを得なかった。女性スパイに籠絡《ろうらく》されてしまった外交官と同じように、拉致問題にも国家意識の欠如を感じて仕方ありません。戦後は「国家」という言葉を聞いただけで拒絶反応を示す日本人が増えましたが、そもそも近代国民国家というのは、人間が所属するさまざまな共同体の中で最大の枠組みだと私は思うんですね。ならば、昔は村人が神隠しに遭えば村民が総出で救出しに行ったのと同じように、国民が拉致されたら国家は全力を挙げてそれを助けに行かなければいけない。

小林　神隠しに遭った村人の家族が隣村の村長に助けを求めに行ったら、自分の村民に頼られなかった村長のほうは面目丸潰れですよ。そんなに恥ずかしいことはないと思うんだけど、テレビでは自分のところの村長のことは放っておいて、「やっぱり隣村の村長は頼りがいがある」というコメントばかり出てくる。

平和を模索した上でたどり着いた「最終解答」

堀辺　本来、国家には国民の生命や財産を守る機能があるわけで、それは軍事力だけの問題ではありません。先ほど話した外交官による情報戦もそうだし、拉致被害者の奪還もそうですが、軍事衝突のない平時であっても、国家は外交という戦いを常に行なっている。ところが戦後日本の外交には、「戦い」だという自覚がありません。戦後の日本人が「武」というものを忘れているからです。なにも実際に武器を使ってドンパチやることだけが「武」ではないんですよ。最悪の状態に備えて、いつでも戦える状態にしておくのが「武」の本質。そこで今の日本人に知っておいてほしいのが、侍の世界にあった「武備恭順」という言葉です。

小林　一見すると矛盾する「武備」と「恭順」が両立していたんですね。

堀辺　先ほど、武士は決して好戦的な人間ではなかったと申し上げたとおり、彼らはできるかぎり戦争を避けようと考えていました。どうすれば合戦をせずに、平和を保つことができるか。それを追求して最終的にたどり着いた答えが、「武備恭順」という武士社会特有の平和論です。自分たちの藩を侵す者が現われた場合にはいつでも反撃できるだけの態勢を整えておきながら、できるかぎり発動せず、相手の意見に従うフリをして恭順の姿勢を見せておく。江戸時代の270年間に及ぶ幕藩体制というのは、実のところ、軍事力を持った藩同士が「武備恭順」をやっていた時代なんですね。幕府はあちこちにスパイを送り込んで情報網を張り巡らせていたし、各藩も武力を常に整備していた。「こちらを侵すなら、そちらも高い代償を払うことになるぞ」という構えを見せることで、逆に刀を合わせずに済んだわけです。この「武備恭順」の考え方が徳川時代の平和を支えていたのであって、武備をなくすことで平和を実現したわけではありません。

小林　今の日本人は、みんなが何も考えずに油断しまくって楽しく暮らすのが「平和」だと思ってるけど、実はお互いに相当な緊張感を持っていなければ平和を維持することはできないんですね。

堀辺　ええ。そういう緊張感は、個人同士の話し合いにもありました。交渉の席にも、必ず刀をそばに置いておく。たとえば坂本龍馬[*12]が初めて勝海舟と面会したときも、龍馬は攘夷の説得に失敗したら勝を斬るつもりでした。もちろん勝海舟もそれを知りながら、殺されないように再反論して逆に龍馬を説得してしまったわけです。そこに「武備」というものがあるから、緊張感のある鋭い言論が戦わされた。

小林　もし武士が好戦的な人間だったら、話し合いなんかしないで会った途端に斬りかかってますよね。「武備」と「恭順」が両立するはずがない。

堀辺　長州藩なんか、関が原で敗れてから10年も経たないうちに江戸まで攻めのぼっていたかもしれませんよ。しかし毛利家は「武備恭順」を貫いた。正月が来るたびに、天守閣の上で家来が殿様に「江戸に上りましょうか」と問いかけ、殿様が「いや待て」と答えるというのを、毎年繰り返すわけです。つまり、「情勢が変わったら徳川を攻めるから、武備は怠るな」ということですよ。

小林　その姿勢を忘れなかったからこそ、長州の志士たちは、幕末に次から次へと幕府に向かってテロを実行できたんですね。それを考えたら、イスラムのテロだけ批判していてもしょうがな

＊12…薩長連合や大政奉還など倒幕運動で活躍した土佐藩士。攘夷の気運が高かった土佐藩から脱藩し、幕府の軍艦奉行だった勝海舟との会談に臨み、逆に、勝の視野の広さに説得され、勝の進言で設立された神戸海軍繰練所の塾頭を務めた。

い。日本を守るために幕府へのテロが必要だったのと同じように、今後、国際社会のために日本がアメリカ本土でテロを起こさなければいけないような状況だって訪れるかもしれない。

「武備」そっちのけでアメリカに「恭順」する親米保守

堀辺　「テロ＝悪」という一般的な図式は、あまりにも物事を単純化しすぎていますね。はっきり言えば明治維新だって、暗殺に次ぐ暗殺によって成立した運動だったわけです。それによって倒幕が成功し、日本は植民地化を免れて近代国家として出発することができた。それに、当時のテロは単なる弱肉強食的な暴力とは本質的に違います。侍たちが政治的な信念を持って暗殺する場合は、自分も死ぬ。「おまえは国のために生きていては困るから殺すが、その代わりに俺も死ぬ」というわけで、そこにはある種の義があるんです。大隈重信[*13]を襲った来島恒喜《くるしまつねき》もそうですが、明治維新以降も、自ら命を絶ったテロリストは多いですよね。そういう日本のテロと、自分は安全な場所にいて相手を無差別に殺していくテロとを、同列に論じることはできないと私は思います。

＊13…外務大臣として幕末に結ばれた不平等条約の改正を進めたがかえって不平等条約を強化するような内容だったため政治結社・玄洋社の青年、来島恒喜に爆弾を投げつけられ右足を失った。その結果、条約改正は中止に追い込まれた。

小林　なるほど。

堀辺　そういう光と影まで射程に入れなければ、歴史の真実は見えてこないと思うんですよ。ともかく、長州藩が武備を放棄して単なる幕府のイヌに成り下がっていたら、幕末にテロを起こすことはできず、したがって明治維新で主導権を握ることもできなかったでしょう。「自主防衛」の武備があり、「協調外交」の恭順があったから、それが幕末に花開いたんです。

小林　わしの言う「反米」も、まさにそういうことなんですよ。何も、今すぐアメリカと戦争しようと言ってるわけじゃない。60年前に戦争で負けて、今は臥薪嘗胆を強いられているんだという感覚さえあれば、当面はアメリカと仲良くしていても、いいんです。恭順の意を示しながらも、「いつかやってやるぞ」という覚悟を持って武備を整えておけばいいと言っている。

堀辺　安保条約や日米同盟を絶対視して、「アメリカに守ってもらわなければ日本はどうしようもない」という保守派の人たちは、武備恭順という伝統的な知恵がわかっていない。もちろん、今の日本がアメリカと戦えば、きっと負けるでしょう。しかし、国土の一部を米軍基地に占められているという現在の実質的な占領状態は、いつか終結させなければいけないですよね。日本が真の意味での独立を果たそうと思ったら、しかるべき対策が必要です。それが「武備」にほかなりません。

小林　ところが親米保守の連中は、「武備」そっちのけで、ひたすら尻尾を振ってアメリカに「恭順」することしか考えない。理念も信念も身を滅ぼす覚悟もない、単なる保身のための処世術です。最近の米軍再編でも、ひたすらアメリカの戦略にいいように乗せられて、米軍と自衛隊が一体化していくようにしか見えない。そこには日本の主体性がないんです。わしは日本の国防の処世術としては「自主防衛」を訴えているけど、それは何も日米同盟を即座に破棄するということじゃない。日本が主体性をもって日米同盟なり東アジアの安全保障なりを考えられているかということなんです。

堀辺　どこかで主体性を逆転させなければいけないということですね。

小林　ええ。今の日本は、毛利家の殿様が「武備は徳川にあるからウチは要らない。徳川が指示した武器だけ用意して、言われたとおり動けばいい」と言ってるようなもの。それじゃダメだから、わしは天守閣の上で懸命に「殿様、今年こそ攻めのぼりましょうか?」と叫んでるんだけど、それを言うと、「なんて恐ろしいことを言う奴なんだ」と怖がられてしまうわけ(笑)。

堀辺　結局のところ、今の政治家が一番いけないのは、日本の伝統や歴史の中から倫理観や政策などを引き出そうとしないことですよ。もっとも、これは今に始まったことではない。帝国大学が誕生して以来、日本の知識人は西洋の歴史や文明ばかり学んで、日本人の土俗的な思想をバカにしてきました。その結果、政治の世界をはじめ、経済界からスポーツ界にいたるまで、この国の成り立ちというものを学んでいない人間ばかりになってしまったわけです。だから弱肉強食の論理がはびこり、勝ち馬に乗って金だけ儲かれば良しとするような処世術が蔓延する。日本人全体が、いまこそ武士の独立自尊の処世術を学ぶ必要があると思いますね。

武士ズム【第四章】

「天皇と武士」の考察なくして「美しい日本」を語るなかれ

「富田メモ」に動揺した保守派

小林　前回の対談の後、心臓のバイパス手術を受けられたというので心配していたんですが、思ったよりお元気そうなので安心しました。

堀辺　医者に「来るのが半日遅かったら死んでたよ」と言われましてね（笑）。手術の成否も五分五分だと言われました。しかし、これも試練というものでしょう。心臓を取り出して手術すると聞いたときは、正直なところ少しとまどいを感じました。でも、そこで「我に七難八苦を与えたまえ」という心境になれないようでは、これまでの修行が台無しになってしまうと思いましてね。

小林　なにしろ武士道の要諦は「自分はすでに死んでいる」ですからね。

堀辺　ええ。それで、手術室に入ってドアが「ガチャン」と閉まる音を耳にしてからは、「自分の力を試してみようじゃないか」という気持ちになれました。これも成長の糧となったのか、手術を乗り越えて戻ってきたときは、世界が違って見えましたね。で、退院してしばらく体を休めていたら、小林さんが『SAPIO』の連載で、例の昭和天皇メモの問題を取り上げた。いきなりアドレナリンが噴き出して、「よくぞ言ってくれた」と膝を打ちながら、貪《むさぼ》るように読みましたよ。

小林　日本経済新聞がスクープした、いわゆる「富田メモ」ですね。あれが朝刊で報道された日の晩に、朝日新聞社の週刊誌『AERA』の取材を受けたんです。昭和天皇が、いわゆる「A級戦犯」の靖国神社への合祀に不快感を示していたという内容だったものだから、あの日は保守派の連中がみんな動揺していた。取材を受けても、明確な答えが出てこない。だから『AERA』としては、きっと小林よしのりも動揺しているだろうと思ってたんでしょうね。しかし、わしは少しも動揺せずに「天皇制は支持するけど、わしは天皇主義者ではない。だから天皇を個人崇拝はしない」と言ったものだから、記者は驚いてポカンとしていました（笑）。

堀辺　ところが私の周囲にいる民族派の中には、「天皇の個人的な意見に従う必要はない」という小林さんの意見を誤解して、「天皇の大御心《おおみこころ》を奉らないとは何事だ」と怒っている人も多いんです。

小林　一方の左翼は、「そら見たことか」と鬼の首を取ったように、富田メモを利用して靖国参

＊1…「あれ（A級戦犯の靖国神社への合祀）以来参拝していない。それが私の心だ」と昭和天皇が発言したという富田朝彦元宮内庁長官のメモが発見された。平成18（2006）年7月に日本経済新聞がスクープ。

拝批判を始めました。

古代にまで遡った天皇論

堀辺　そこで今回は、天皇制について本質的な議論をしたいと思ったんです。まず基本的なところから押さえておくと、そもそも天皇には二つの側面があるんですね。ひとつは、国家の制度としての公的な天皇。もうひとつは、私的で、個性的で、人格的な天皇。小林さんが「天皇主義」と言ったのは、後者の天皇を崇拝する考え方のことですよね。

小林　ええ。左翼は今、それをやってるわけですよ。これまでさんざん天皇制を批判してきたくせに、「昭和天皇の大御心にひれ伏せ！」と叫んでいる。それに対して、保守派は富田メモの真贋論争ばかりやっているんですね。保守派も天皇主義者だから、あれが偽物だということにしないと立場がないんでしょう。だけど、メモの真贋にこだわっていたら、あれが本当に昭和天皇の言葉だったとわかった場合に反論のしようがない。

堀辺　終戦直後に書かれた『昭和天皇独白録』に、「開戦の際東条内閣の決定を私が裁可したの

＊2…昭和11（1936）年2月26日、陸軍の青年将校1400人以上が起こしたクーデター未遂事件。高橋是清蔵相らを殺害し、首相官邸などを占拠した。「尊皇討奸」をスローガンにしたが、昭和天皇から「反乱軍」の烙印を押され、鎮圧された。

＊3…戦前昭和期の思想家。幅広く国体論を論じたが、二・二六事件の首謀者として処刑された。

は立憲政治下に於《おけ》る立憲君主として已《や》むを得ぬ事である。若《も》し己が好む所は裁可し、好まざる所は裁可しないとすれば、之《これ》は専制君主と何等《なんら》異なる所はない」という言葉があります。つまり、大日本帝国憲法下において天皇は個人的な言葉を公にしてはいけないということを、昭和天皇自身がご理解されていた。富田メモの真贋にかかわらず、立憲君主制を採用した明治以降の日本では、その私的な個人的見解に国民が従うべきではないんです。

小林　それに従うと、立憲君主ではなく専制君主になってしまう。

堀辺　ですから、「天皇の大御心に添い奉らない者は保守派や民族派ではない」という主張は、時代を逆行するものですよ。

小林　たとえば田原総一朗は、「天皇はこう言っているのに靖国参拝をするのか」という言い方をしていたけど、これは二・二六事件[＊2]を起こした青年将校と同じ発想ですよね。いつもはあれほど戦前の日本を否定している人間が、戦前回帰している。

堀辺　いえ、ある意味では古代まで逆行しています。たとえば北一輝[＊3]は『日本改造法案大綱』の巻一「国民の天皇」の「注一」で、「日本の国体は三段の進化をなせるを以て天皇の意義又三段の進化をなせり」と書いているんですね。ではその第1段階はどのようなものかというと、こう書いてあります。

「第一期は藤原氏より平氏の過渡期に至る専制君主国時代なり。此間理論上天皇は凡《すべ》ての土地と人民とを私有財産として所有し生殺与奪の権を有したり」

律令制国家というのは、「土地」と「人民」の二つの要素で構成されていました。近代国家ではそれに「主権」が加わりますが、古代においては土地と人民を天皇が私的に所有していた。天皇は国家の内側ではなく、その外側に所有者として存在していたわけです。だから国家を他人に贈与してもいいし、武烈天皇[*4]のように人民を殺してもかまわない。そういう時代でした。左翼の主張は、戦前も中世も飛ばして、一気にその時代に回帰しているんです。小林さんを批判する民族派も同じで、彼らも人民が天皇の私的な家来だった時代に回帰している。私的な発言にもかかわらず、天皇が黒いものを「白」といったら白、白いものを「黒」といったら黒だと受け入れるというのは、大日本帝国憲法下でも考えられません。

小林　そうか。二・二六事件の青年将校はともかくとして、戦前の日本は立憲君主制ですからね。そこでの天皇の立場は、戦後の日本国憲法と少しも違わない。田原総一朗は戦前回帰しているんじゃなくて、戦前の青年将校と同じように律令制の時代まで逆行しているわけだ。

＊4…6世紀の前半に即位した第25代天皇。妊婦の腹を割いたり、生爪を剥いで芋掘りをさせたり、暴君として知られる。

堀辺　大日本帝国憲法でも、天皇の行為には国務大臣の輔弼《ほひつ》（助言と責任）を定めていました。つまり、内閣の助言と承認のもとに天皇が国事行為を行なうことを定めた現行憲法と同じです。占領軍が今の憲法を押しつける前から、日本の内在的な歴史の発展によって、天皇は現在の地位に据えられていたのだと私は考えています。

小林　戦後にアメリカが象徴天皇制を押しつけたのではなく、すでに幕末の時点で日本人が自らそれを求めていたということか。

堀辺　ええ。「天皇」という言葉は同じでも、その意義は歴史の発展に伴って変化している。それは当たり前のことで、たとえば現在の「大臣」と藤原時代の「大臣」とでは、同じ大臣でも意味が違いますよね。天皇も同じですよ。明治維新以降の天皇と現在の天皇は本質的に同じですが、維新革命以前の天皇と、明治以降の天皇のあいだには明確な違いがあります。ところが今の日本には、天皇が歴史とは無関係に古代から現在まで同じように存在していると勘違いしている人が多い。

小林　だから一気に古代にまで逆戻りしてしまうんですね。

幕末の内憂外患から生まれた武士の「国家論」

堀辺　では、なぜ明治維新を境に天皇の意義が大きく変わったのか。それを理解するためには、幕末の日本が二つの危機に直面していたことを思い起こす必要があります。ひとつは、ペリーの黒船に代表される夷狄《いてき》に蹂躙《じゅうりん》されてしまうかもしれないという、対外的な危機。強大な武力に対する恐怖だけではなく、たとえばキリスト教の進出などによって日本文化そのものが奪われてしまうのではないかという危機感もありました。そしてもうひとつは、幕藩体制の緩みという国内的な危機です。封建制のタガが緩み、武士たちが武士らしさを失ってしまったことで、このままの体制では民衆の生活状況が良くならないことが、誰の目にも明らかになってきたんですね。

小林　外からも内からも、従来の体制が脅かされていたわけですね。

堀辺　その危機を克服すべく、武士に対する警告書として文政8（1825）年に書かれたのが、後期水戸学において尊皇攘夷論を体系づけたとされる会沢正志斎《あいざわせいしさい》の『新論』です。「国体」という言葉を日本で最初に使ったのが、この本ですね。徹底した封建思想に貫かれた著作で、たとえば結婚についても面白いことが書いてありますよ。ひとりの君主に多くの家来が仕えるように、多数の女がひとりの夫に仕えるのが日本の伝統だというんです。耶蘇《やそ》教徒は一夫一婦制などと言っているが、あれは日本の美風を破壊する邪教そのものだ、と。

小林　ほう。それはなかなか興味深い思想ですな（笑）。

堀辺　小林さんも受け入れたいと思うでしょ？（笑）

それはともかくとして、幕末の志士たちはここで会沢が提示した国体論を読んで、尊皇攘夷思想に目覚めたと言われています。ただし、会沢の国体論の中心にあったのは、実は「尊皇佐幕」なんですよ。天皇を尊び幕府を佐《たす》ける、つまり弱体化した封建体制を、天皇のご威光を借りて再強化すべし、というのが彼の考え方でした。ところが、これを読んで戦国乱世のような荒々しさに目覚めた武士たちは、会沢の思想を封建制改造論として読み替えてしまった。水戸に滞在した吉田松陰[*5]も、会沢の国体論に触れたことによって、幕藩体制では外国に対抗できないと考えるようになりました。日本は本来ひとつの国だったのだから、統一帝国を作るべきだという思想に目覚めたんですね。それまで尊皇佐幕論を唱えていた松陰が、そこからは「封建的な大名諸侯を拒絶して天皇に忠義を尽くせ」という尊皇倒幕論に変わっていく。それがさらに発展して、

＊5…幕末の長州藩士。松下村塾を開く。尊皇から一君万民という思想に達し、明治維新の理論的支柱となった。

「一君万民」という思想に到達したんです。

小林　忠義の対象が藩主から天皇に変わったんですね。

王者とは何か？　覇者とは何者か？

堀辺　その理論的な根拠のひとつになったのが、江戸時代前期の儒学者・山鹿素行の『中朝事実』でした。真の「中朝（中心という意味での中華の王朝）」は、簒奪《さんだつ》によって王朝が交代してきた中国ではなく、王朝が天皇から天皇へ禅譲されてきた日本であるというのが、その主張です。その後も江戸時代の儒教では「王覇の弁」が学問の中心となった。正統な「王者」と、簒奪によって地位を得た切り取り強盗みたいな「覇者」とを弁別するということです。すると、徳川家康も実は切り取り強盗の親分だということになりますし、源頼朝の時代まで遡っても、武家政権はすべて「覇者」にすぎない。正統な「王者」は天皇しかいません。だから松陰も「天皇に忠義を尽くせ」と言ったわけです。こうして忠義の転換が行なわれた結果、志士たちは長く仕えていた殿様に背いて脱藩することが可能になり、幕府に背く正当性を獲得しました。

小林　倒幕の理論的根拠を手に入れたわけだ。

堀辺　ただし、そこでは天皇に忠義を尽くすこと自体が目的ではありません。四民平等の近代的な社会を作るための革命のシンボルとして、天皇を持ってきた。これが「玉」です。正統な主権を持つのは天皇だけで、それ以外は「覇者」ですから、天皇の前では武士も農民も同じ大御宝《おおみたから》ということになる。そこには何の差別もない。今で言えば、みんな「国民」として平等だということです。植民地化を避けるためには、そうやって近代的な国民国家を作る必要があった。

小林　そもそも徳川将軍家は天皇に任命されて征夷大将軍になっているわけだから、建前としては夷狄が現われたら征伐しないといけない。だから孝明天皇なんかは、徳川幕府に対して「どうして征夷大将軍なのに何もしないのか」「鎖国に戻せ」と、かなり強硬な姿勢で怒っていたんですよね。

堀辺　天皇から任命される形式にしないと、「徳川も切り取り強盗で天下を獲ったんだから、自分たちも徳川を倒せば将軍になれる」という理屈を他の藩に与えてしまう。それを阻止するには、徳川家だけが正統な王者から征夷大将軍に任ぜられたという体裁にせざるを得なかったわけです。ところが、権力を裏付ける権威として利用されていた当時の天皇は、御所に幽閉された状態で、幕府の許可がなければ京都から出ることすらできなかった。しかも徳川幕府が天皇家に与えたのは、2万石の土地と1万石程度の金子《きんす》だけです。800万石の徳川家とは経済的に大きな格差がありました。

小林　しかも幕府が天皇や公家に対して定めた法律である「禁中 並 公家諸法度《きんちゅうならびにくげしょはっと》」の第1条には、「天皇は諸芸能をなす」と書かれていた。芸事と宗教と学問だけやってなさいということで、政治的な問題には関わらないように封じ込めていたわけです。それぐらい、天皇の権限は抑えられていた。しかし田沼意次《おきつぐ》*6が財政破綻を招いたりして幕府の力が弱くなってきたときに、天皇が自ら復権を図る動きを見せました。それが、安永8（1779）年に即位した光格天皇です。

堀辺　その時代に、古代から伝わる儀式が復活したんですよね。

小林　あのときは、崩御した後桃園《ごももぞの》天皇に皇子がおらず、皇統断絶の危機が生じていた。そこで、遠い男系をたどって皇位を継承したのが光格天皇です。傍系の宮家出身だったからこそ、自分の正統性が疑われてはいけないと考えた。それで、古代からの儀式をすべて復活させて、天皇本来の姿を復権しようとしたんですね。

堀辺　それは、天皇ただひとりが日本国の独立の象徴であり、唯一の君主だった時代に戻そうと

＊6…徳川9代、10代将軍に仕えた老中。商人の力を活かした経済政策をとったため賄賂が横行し、「賄賂政治家」とも評される。

する行動だったと考えることができます。

小林　それに呼応して水戸学が台頭してきたわけですから、もしあそこで皇統断絶の危機が訪れなかったら、立てるべき権威が見つからなかったかもしれない。当時は「天皇」という呼称も廃止されて、「○○院」と呼ばれていたぐらいですから。

堀辺　神道的な国家起源論が、朝廷でさえ忘れられていたんですね。

神道の「ローマ法王」としての天皇

小林　しかし不思議なことに、民衆のほうは天皇の権威を忘れていないんです。天明の飢饉《ききん》の後なんか、京都御所の周囲に7万人もの人間が自然発生的に集まって、お伊勢参りみたいな感じでぐるぐる回り始めるんですね。正門から賽銭を投げ入れたりして。

堀辺　あれは天皇に対する民衆の請願運動でもあり、信仰の表白でもあったんでしょうね。古代の天皇制は、実質的には専制君主制だったかもしれないけれど、民衆のあいだではそれが理想化されていた。「天皇のご時世には、誰もが大御宝として遇されていて、今のような過酷な税金など取られていなかった」という、神道ユートピアニズムみたいなものが信じられていたわけです。それが幕府批判と結びついて、そのような運動が自然発生的に起きたんでしょう。

小林 そこでは、幕府の権威が完全に否定されている。だから、江戸時代は天皇制が一般民衆にはわからないような形で隠されていたと考えるのは、大きな間違いですよね。みんながその存在を知っていたからこそ、いざ世の中が危機を迎えたときには、民衆のあいだでも天皇に対する信仰心が一気に広がったわけで。

堀辺 ちなみに北一輝は、第2段階の天皇についてこう書いています。

「第二期は源氏より徳川氏に至るまでの貴族国時代なり。此間は各地の群雄又は諸侯が各其《その》範囲に於《お》て土地と人民とを私有し其上に君臨したる幾多の小国家小君主として交戦し聯盟《れんめい》したる者なり。従て天皇は第一期の意義に代ふるに、此等小君主の盟主たる幕府に光栄を加冠する羅馬《ローマ》法王として、国民信仰の伝統的中心としての意義を以てしたり」

中世の天皇は古代とは違って、キリスト教におけるローマ法王のような存在だというわけです。国民が神道の「法王」として信仰していたからこそ、その天皇が将軍に権限を与えることが万民に納得された。

小林　そういう天皇の権威というのは、おそらく日本人のDNAに刷り込まれてるんでしょうね。それを考えると、これは鈴木邦男[*7]さんも言っていたけど、憲法から天皇の条項を外すのは非常に危ない。公的な枠組みをなくしたら、日本人が個人としての天皇を崇拝することに歯止めがかからなくなってしまう。

堀辺　天皇制の良い面と悪い面を知っていたからこそ、明治国家では立憲君主制を採用したんですね。土地と人民を所有していた古代の天皇と違って、革命のために擁立された天皇は、その革命精神に基づく憲法に従わなければいけない。それが「天皇機関説」で、これはもともと国家をひとつの生物と見なす「国家有機体説」から生まれたものです。「元首」「首相」など国家のトップに「首」という言葉がつくのも、そこからの発想ですよね。だから本来は「機関」ではなく「器官」なんです。

近代国家で「天皇親政」は不可能

小林　二・二六事件の首謀者として処刑された北一輝でさえ、本当は天皇機関説が持論でした。

＊7…学生時代から右翼・民族運動を行ない、「一水会」を創設。現在は顧問。「新右翼」の代表的な存在とされる。

だから、青年将校たちが本当に彼の思想的な影響を受けていたなら、天皇親政を目指すはずがない。北一輝が青年将校に電話して「金は要らないか」などと言ったせいで誤解されてしまいましたけど。

堀辺　天皇制の第3段階について、北一輝はこう書いています。

「第三期は武士と人民との人格的覚醒によりて各その君主たる将軍又は諸侯の私有より解放されんとしたる維新革命に始まれる民主国時代なり。此時よりの天皇は純然たる政治的中心の意義を有し、此の国民運動の指揮者たりし以来現代民主国の総代表として国家を代表する者なり。即《すなわ》ち維新革命以来の日本は天皇を政治的中心としたる近代的民主国なり。何ぞ我に乏しき者なるかの如く彼の『デモクラシー』の直訳輸入の要あらんや。此の歴史と現代とを理解せざる頑迷国体論者と欧米崇拝者との争闘は実に非常なる不祥を天皇と国民との間に爆発せしむる者なり。（両者の救ふべからざる迷妄を戒しむ）」

まさに二・二六事件の青年将校たちは、北一輝の言う「頑迷国体論者」でしょう。

小林　富田メモを錦の御旗にした左翼は「頑迷国体論者」でありながら、「欧米崇拝者」でもあるわけだ（笑）。

堀辺　天皇親政というのは天皇がすべてを決裁する体制ですが、そもそも複雑な仕組みを持つ近代国家で、その司法・立法・行政をひとりで決裁するのは現実的に不可能です。たとえ聖徳太子のように大勢の訴えを同時に聞く才能を持った天皇が存在したとしても、この膨大に発達した近代国家をひとりで切り盛りすることはできない。しかし青年将校たちは天皇親政にすればうまくいくと考えた。古代の天皇制に回帰している自分たちに酔っていたんですよ。

小林　しかも彼らは、天皇も自分たちの思いを絶対に認めてくれると妄想していた。まさに信仰の対象ですよ。もっとも、当時は天皇機関説の美濃部達吉[*8]が不敬罪で取り調べを受けるような時代で、軍部も現人神《あらひとがみ》幻想を世論形成に使っていたから、国民の中にも勘違いしていた人が多かったでしょうけど。

堀辺　もうひとつ、そこで重要な役割を果たしたのが教育勅語でしょう。「臣民」という言葉が使われていたことからもわかるように、教育勅語には国民を天皇の個人的な家来だとする思想が含まれていましたからね。元田永孚《もとだながざね》という儒学者らが起草したものなんですが、維新前の国体論に後退してしまっている。教育勅語があったから、一般国民大衆は天皇を現人神として崇めるようになったわけです。

＊8…戦前の憲法学者。天皇機関説とは国家が主権の主体であり、天皇は国家の最高機関であるという大日本帝国憲法の解釈論。天皇主権説とのあいだに論争が起こった。

天皇の私的メモはあえて無視するのが責務である

小林　一方、高等教育を受けた者にとっては、天皇機関説が常識だった。

堀辺　ええ。少なくともエリートのあいだでは、天皇が国家の機関にすぎないというのは、誰でも知っている当たり前のことだったんです。つまり一般国民とエリートのあいだに天皇観の違いがあったわけで、これを仏教の「顕教」と「密教」に譬《たと》える人もいますよね。教育勅語は天皇制イデオロギーの顕教で、天皇機関説は密教。近代日本はこの二つを使い分けてやってきたというわけです。

小林　でも現行憲法下の日本では、顕教も密教もない。天皇が国民統合の象徴で、政治的な発言をしてはいけないことぐらい、小学校でも教えていますよ。にもかかわらず、高等教育を受けているはずの識者たちが個人としての天皇にひれ伏そうとするんだから、どうかしている。

堀辺　「昭和天皇がA級戦犯の合祀を不快だと言っているのだから、すべての日本人がその意見に従って靖国参拝をやめるべきだ」などということになったら、何のために幕末の志士たちが血を流して革命を成し遂げたのかわかりませんよ。そもそも、靖国神社には大東亜戦争の戦没者だけが祀られているわけではない。最初に祀られたのは、まさに維新革命によって近代日本を開いた志士たちです。

小林　その維新によって近代的な立憲君主制が確立されたのに、時代を逆行して天皇を古代の専制君主のように崇める形で靖国参拝を否定したんじゃ、祀られた英霊にとっては踏んだり蹴ったりですよね。

堀辺　そういうことです。立憲君主制の下では、天皇はあくまでも公的な存在。私的に国家を動かすことはできません。近代日本においては、「天皇の国民」ではなく「国民の天皇」であり、「天皇の国家」ではなく「国家の天皇」なんです。したがって維新以降は、国民の利益と天皇の利害は対立していない。ですから、昭和28（1953）年の国会決議でいわゆるA級戦犯が国内法では犯罪者ではないと決議されたのであれば、天皇もそれに従わなければいけないんですね。仮に合祀が不快だと語ったとしても、これは私的な発言ですから、日本国民はこれを無視していい。いや、あえて無視するのが国民の責務です。もちろん、天皇もそれを望んでおられる。そこで初めて、天皇の意思と国民の民主的な意思というものが結合できるんです。これが真の立憲君主制というものであり、北一輝の言葉を借りるならば「維新革命」の精神なんですよ。

左右両極からスタートして真ん中で出会った二人

小林　ところが左翼は、「富田メモのお陰で、世論調査でも靖国参拝反対が多数派になった」などと喜んでいた。しかしその後、当時の小泉首相が平成18（2006）年8月15日に参拝したことでまた賛成意見のほうが多くなったときは、「非常に危険な兆候だ」とか言っていましたね。むしろ、「天皇が不快だと言ってるんだから絶対に参拝しないほうがいい」という世論が不動のものになったときこそが危険なのに。

堀辺　そうなったら、天皇という怪物に飲みこまれたおとなしい国民ばかりになってしまいます。それは日本にとって良くないわけですよ。しかし、そうなってしまう恐れは十分にある。富田メモ騒動のときにテレビを見ていたら、靖国に肉親が祀られている遺族の人でさえ、街頭インタビューで「天皇の不快発言をどう思いますか？」とマイクを向けられて、「天皇陛下がそうおっしゃっているなら、A級戦犯を分祀してもいいのではないでしょうか」と答えていました。もう80

歳を過ぎていそうなご婦人でしたから、戦前の教育勅語的な天皇観が残っているのでしょう。いまだに、立憲君主としての天皇というものが理解されていない。

小林　でも、同じ戦前の人間でもいろいろですよね。たぶん、学校で真面目に勉強していた優等生ほど、教育勅語的な感覚に染まってるんじゃないかな。わしの親父なんか、全然そういうところがなかった。戦後はもちろん、戦時中もまったく天皇のことを神様だなんて思ってなかったらしいんですよ。だから、わしもその影響を受けて、若い頃は天皇なんか自分とはまったく関係ないと思っていた。

堀辺　そうですか。私の場合、実をいうと、20代ぐらいまでは「天皇の言うことなら何でも聞く」という人間だったんです。郷里が水戸学の盛んな土地柄だったこともあって、会沢正志斎に象徴される尊皇論に染まっていたんですね。立憲君主制なんて関係なく、ただ天皇に自分の一身を捧げ尽くすことこそが侍の本懐だと思っていた（堀辺氏の半生については第八章参照）。今となってはお恥ずかしいかぎりですが、武士的な心情を持って育った人間は、忠誠の対象を持たないと落ち着かないんですよ。自分のために生きることには、何ら幸せを感じない。何者かに献身することが、生きることへの情熱を燃やしてくれる根源なんです。だから、天皇に一身を捧げるというストーリーに、鼓舞される。生きがいを感じるわけです。でも、そんな考え方をしていると、いろいろな人と議論したときに負けてしまう。ずいぶん批判されたし、罵倒もされましたよ。それで日本の歴史を自分なりに研究した結果、単なる個人崇拝とは違う天皇観を身につけることができたんです。

小林　堀辺さんとわしは、正反対の場所からスタートしてるんですよ。いわば左右の両端から歩き始めて、ちょうど真ん中で出会ったようなものですね。その意味では、わしらが一番バランスの取れた天皇観を持っている（笑）。

「デモクラシー」は幼稚極まる「低能哲学」？

堀辺　お互い、いろいろな紆余曲折を経て今に至っているわけですよね。さまざまな心の襞《ひだ》を抱えながら、それを自分なりに克服することで、ひとつの信念を築いてきた。表面的な知識をサラリと身につけてきたわけではない。それは、日本の歴史や伝統を自分の生き方の問題として考えてきたからでしょう。そこが、単に学会で発表するために研究している学者たちとは違うところです。

小林　たしかに、いわゆる知識人の多くは頭で考えているだけだから、思想的な反射神経が鍛えられていない。だから突如として富田メモみたいな問題を突きつけられたとき、動揺してまともな受け答えができなくなってしまうんですよ。

堀辺　自分の学説が脳味噌の表層だけにとどまって、血肉化していないいんでしょう。だから、魂のこもった言葉が出てこないいんです。私は以前から、戦後の学者が抱えている最大の問題は、生き方と学説が必ずしも一致していないことだと感じていました。たしかに学説と人格は別物だという考え方もあるでしょうけど、私には納得できない。自らの学説が科学的な真理だと信ずるならば、それを貫徹するために自分の体から血が流れてもかまわないと考えるのが本物の知識人だと思うんです。今の学者には、そういう情熱や拍動を感じないいんですよ。保守論壇誌の論文を読んでも、勉強した知識を羅列しているだけだから、知識と魂のハーモニーが聞こえてこない。

小林　タイトルだけ見れば、何が書いてあるか想像がついちゃうしね（笑）。本人の人生観みたいなものが込められていないから、誰が書いても「お約束」の紋切り型ばかりになってしまう。

堀辺　それに対して戦前の知識人は、たとえば大川周明[*9]のような人にしても、思想と生き方が

＊9…思想家。戦後、民間人では唯一「A級戦犯」として起訴された。パジャマに下駄履きという奇妙な風体で東京裁判の法廷に現われ、東条英機の禿頭を打った。この奇行は脳梅毒が原因で、精神異常ということで免訴された。

ひとつになって血管の中を流れていました。だから、今の若い人に彼の『米英東亜侵略史』を読ませると、「日本が大東亜戦争をしなければならなかった理由が、戦後知識人の話を聞くよりも、すっきりと理解できる」と言うんです。

小林　ところが、そういう思想家の言説は色眼鏡で見られがちで、まともに読んでもらえないことが多い。

堀辺　北一輝もそうですよ。「超国家主義者」とか「天皇制左翼」とか、いろいろなレッテルを貼られていますが、そういう先入観を外して読んでみると、彼ほど天皇問題の本質を見据えていた人間はいないことがわかるはずです。先ほど天皇制の第三期について彼が書いたものを紹介しましたが、その「注二」にも興味深いことが書かれています。

「国民の総代者が投票当選者たる制度の国家が或《あ》る特異なる一人たる制度の国より優越なりと考ふる『デモクラシー』は全く科学的根拠なし。国家は各々其国民精神と建国歴史を異にす。民国八年までの支那が前者たる理由によりて後者たる白耳義《ベルギー》より合理的なりと言う能はず。米人の『デモクラシー』とは社会は個人の自由意志による自由契約に成ると云ひし当時の幼稚極まる時代思想によりて、各欧州本国より離脱したる個々人が村落的結合をなして国を建てたる者なり。

其の投票神権説は当時の帝王神権説を反対方面より表現したる低能哲学なり。日本は斯《かか》る建国にも非《あら》ず又斯る低能哲学に支配されたる時代もなし。国家の元首が売名的多弁を弄し下級俳優の如き身振を晒して当選を争ふ制度は、沈黙は金なりを信条とし謙遜は美徳を教養せられたる日本民族に取りては一に奇異なる風俗として傍観すれば足る」

小林　低能哲学かー。実に痛快だ（笑）。

堀辺　左翼の連中は「立憲君主制は共和制より劣る」などと言うわけですが、ここで北一輝は、日本の天皇のような「ある特異な人」が国家の元首として存在していることをもって野蛮だとは言えない、と忠告しているわけです。いずれにしろ、日本の歴史や特質は、天皇問題を抜きに語れない。それを本質的に論じようとせず、慌てふためいて富田メモの真贋論争ばかりしているような保守派は怠慢ですよ。それこそ「美しい国」日本だって、天皇を抜きには考えられません。

許されるテロ、許されないテロ

小林　左翼のほうも滅茶苦茶ですよ。富田メモ騒動の後、平成18（2006）年8月15日に加藤紘一の家が右翼に放火される事件がありましたよね。それまで専制君主制を認めるようなことを言って、言論の自由を放棄したとしか思えなかった左翼の連中が、あの放火に対しては「言論の自由の危機だ」などと騒いでいた。

堀辺　ご都合主義としか言いようがないですね。

小林　それに、あの放火事件を戦前の軍部によるテロと同列に語る連中がいることも、わしには理解できない。「政治家が次々と暗殺された戦前を想起させる事件だ」とか言うんだけど、あの放火犯は家に誰もいないことをたしかめてから火をつけていたわけでしょ？　もちろん家を焼かれたことには同情しますけど、あの程度のことで言論が萎縮して戦前に戻るなんて考えられない。たとえばジャーナリストの溝口敦さんが息子を暴力団に刺[*10]されたことがあって、あれは本当に脅威だと思うけど、それと今回みたいな事件を一緒に論じちゃいけないんじゃないかな。

堀辺　右翼放火事件を戦前のテロリズムと結びつけるのは、ちょっと過剰反応だと思いますね。比較にならないようなテロが、戦前はもっと頻繁に起きていたわけですから。今回の事件で「言論の自由が脅かされる」と言っているのを見ると、逆に「今のマスコミはそれぐらいのことで怖《お》じ気《け》づくのか」と思いますね。自分の信念を貫こうとする覚悟も自信も感じられない。

＊10…平成18（2006）年1月、溝口敦氏の長男が路上で山口組系元組員に刺される事件が発生した。溝口氏は暴力団関連の著作を多く発表しており、溝口氏本人も平成2（1990）年に何者かに背中を刺されている。

小林　そもそも信念があるのかどうかも怪しいですよ。アメリカが「テロとの戦い」という標語を掲げてアフガンやイラクを攻撃したときは、その単純な図式を批判していた連中が、国内の事件に対しては「テロはいけない」と言い始める。アメリカの対テロ戦争を批判するなら、テロリズム一般を一概に否定することはできないはずなのに。

堀辺　たしかに、そこには一貫性がありませんね。だいたい、一般論でテロの是非を議論しても答えは出ません。たとえば今の北朝鮮で金正日を暗殺したら、革命的なテロとして許されるでしょう。

小林　そうそう。

堀辺　金正日を殺せば多くの人が解放されるわけだから、「1分1秒でも早くやれ」という話ですよ。つまり、世の中には「許されるテロ」と「許されないテロ」、あるいは「美しいテロ」と「醜いテロ」がある。そういう個別の事情を見ないで一般論にしてしまうと、ヒューマニズムの観点から「テロはいけない」という話で終わってしまうんです。これは戦争と同じこと。一般論で「戦争と平和、どっちが好きですか？」と問われたら、誰だって「平和がいい」と答えますよ。だから、「あなたはテロに賛成しますか？」という質問には意味がない。

小林　その質問には「ノー」と答える人でも、「金正日へのテロに賛成しますか?」なら「イエス」と答えるかもしれないわけだからね。

堀辺　そういうことです。そもそも社会主義者のレーニンだって革命のためのテロを認めていたわけですから、左翼がテロ一般を否定することはできないでしょう。それ以前に、現在の近代日本自体が幕末のテロリズムから始まっていることを、日本人としてどう考えるかという問題もある。

安易にレッテルを貼る「言論テロ」

小林　それこそ幕府に仲間を殺された水戸藩の連中が桜田門外の変[*11]で復讐を遂げるようなこともあったわけで、当時はテロの応酬でしたからね。

堀辺　革命のためには、要人暗殺が必要だったんです。あの時代に「テロはヒューマニズムに反する」などと言っていたら、近代国家は生まれていません。今の日本はテロによって作られたと言ってもいい。当時の世界情勢を考えれば、それ以外に道はなかった。あのときは、幕府が外国

＊11…幕府の大老井伊直弼によって、尊皇攘夷派が弾圧された安政5（1858）年の安政の大獄の復讐として井伊を暗殺した事件。

と関税自主権もない通商条約を結んだせいで、民衆は物価高に苦しんでいました。それで尊皇攘夷運動も盛んになったわけですが、幕府はそれも激しく取り締まる。当時の取り締まりというのは、要するに「殺す」ということですからね。対抗措置としては、こちらも相手を殺さなければなりません。それを「テロはいけない」と否定していたら、その後の日本はどんなことになっていたか。西洋列強の植民地になっていたかもしれません。ですから、時代背景や状況によっては許されるテロもあるということです。ところが今は、そういう個別の事情が立体的に論じられることがない。それは、テロの問題にかぎりませんけどね。何事においても、平面的で浅薄な議論ばかりで。テレビの討論番組などを見ても、「この問題に賛成ですか、反対ですか」という単純な設問でパネラーを色分けすることが多いじゃないですか。そんな粗雑な議論をしていても、答えは永久に出ませんよ。

小林　そう思いますね。「首相の靖国参拝に賛成ですか?」とか「憲法9条の改正に賛成ですか?」とか、きわめて大雑把でわかりやすい質問をして、「イエス」か「ノー」かの二者択一を迫るんですよ。でも実際は、「首相は参拝するべきだけど小泉みたいなやり方は許さない」とか、「自衛軍は持つべきだけど対米追従が目的になってはいけない」とか、一概には言えない論点がたくさんある。ところがマスコミは、そういう深い議論に耳を貸さず、単純な答えだけを見て「右翼だ」とか「軍国主義者だ」とかいったレッテルを貼るんです。大衆も、わかりやすいレッテルだけですべてを理解したつもりになってしまう。そういえば、加藤紘一も、みのもんたの朝の番組で「最近の国会議員は小林よしのり系みたいな人間が多い」とか言って、人にレッテル貼ってました。[*12]みんなが出勤前で忙しくしている時間に、記憶に残りやすい単純なフレーズをまき散らして悪いイメージを植えつけるんだから、あいつこそ言論テロリストですよ。

堀辺　それはひどい話ですね。そういう話を聞くと、またアドレナリンが噴き出てきますよ。

小林　いやいや、心臓の手術をしたばかりなんですから、あんまり興奮しないように気をつけてくださいよ（笑）。

＊12…平成18（2006）年8月15日、加藤紘一氏は「みのもんたの朝ズバッ！」で次のように発言。「若手は戦争を知らない世代が出て、なんとなくあの小林よしのり系みたいになっているところがあるんで、ちょっと気になってるんですよね」。

武士ズム【第五章】

「いじめ自殺」と「恋愛」、ひとつしかない命の使い方

いじめから「逃げろ」と言う識者たち

小林　平成18（2006）年の秋頃に、子供のいじめ自殺が続発したことがありましたよね。あのとき、多くの文化人や知識人がテレビや新聞で「逃げろ」というメッセージを子供たちに向かって発信したんですよ。「自殺するぐらいなら、もう学校なんか行かなくてもいい。とにかく死んじゃダメだ。いじめから逃げろ」というのが、左右を問わず一般的な論調だった。わしは、それにもの凄く違和感があったんです。

堀辺　私もそれは違うと思いますよ。いじめは、逃げれば終わるようなものではないからです。どこに逃げたって、そこにもまたいじめがある。

小林　逃げろと言ってる連中は、一体どこに逃げろと言っているんだろう。

堀辺　日本海と太平洋じゃないですか（笑）。でも、それでは結局、溺れて死ぬしかない。海の中で溺れ死ぬぐらいだったら、逃げずに堂々と戦ったほうがいいでしょう。また、いじめについては「大人に相談しなさい」というメッセージもよく見聞きしますが、これもあまりに拙劣です。

自殺を考えるような子は、人に相談できないようなところに追い込まれている。

小林　自分の力で問題を解決できないことに負い目を感じているから、人には相談できないでしょう。親にさえ、「いじめられている」とは言えない。ひたすら負い目だけを抱え続けて、最後は死ぬことで憂さ晴らしをするしかなくなっている。

堀辺　相手が気に入らないとき、昔の子供たちは本能的に取っ組み合いのケンカをしました。しかしそこには一定のルールがあって、たとえば小さな子供同士なら、相手が泣き出したら自分の勝ち。それでも攻撃を続けようとすると、「それ以上やるのは卑怯だ」と大人が仲裁に入りましたよね。そうやって、子供のケンカが一線を越えないようにしていたんです。負けたほうは悔しいし、痛い思いもしますが、いつも勝つとはかぎらないから、お互いに相手の気持ちがわかる。一方、いじめは昔のケンカと違って勝ち負けがはっきりしません。いじめられた側が自殺するほどに追い込まれていても、その子を誰がいじめたのかは必ずしも明確ではないんです。

小林　実際、いじめ殺した奴は良心がまったく痛んでいない。福岡県筑前町の中学で起こったいじめ自殺では、葬式で棺桶の中の被害生徒を見てヘラヘラ笑っていた奴もいるというんだから、ひどい話ですよ。そんな状況なのに、劇作家の鴻上尚史なんか、平成18（２００６）年11月17日付の朝日新聞1面で、ニセの遺書を書け、とか気色悪いことを言っていました。誰にいじめられているかを書いて学校に送って、しばらく家出して大人たちを慌てさせてから帰ってくれば、みんなが同情してくれると言うの。そんな卑怯なやり方まで教える大人がいるんですよ。なぜ「死ぬぐらいなら戦え」と教えないのかと思いますね。弱者を救おうと思ったら、大乗仏教的に「弱者の気持ちになれ」と言うだけではダメ。ある意味では金剛乗的な発想に立って、「弱者よ戦え」と言うのはもちろん、「弱者よ戦い方を教えよう」とまで言わなければいけない。親や学校の教師は、具体的な戦い方を教えるか、自分自身が戦ってみせなければならないんですよ。もっとも、だからといって戸塚ヨットスクール[*1]みたいなところに入れるのがいいのかどうかはわからんけど。

戸塚ヨットスクールに足りないもの

堀辺　報道された範囲で判断するなら、戸塚さんは父性原理に基づいた指導をしていますよね。オヤジのような存在として立ちふさがり、自分の設定した問題を乗り越えさせることで力をつけ

＊1…登校拒否生徒などの更生のために徹底したスパルタ教育を行なうことで知られる。訓練生5人が死亡し、戸塚宏校長は傷害致死で懲役6年の判決を受けた。さらに戸塚校長の出所後も再び訓練生が行方不明になり、水死体で発見される事件が発生した。

させる。でも、人を動かすには、それだけではダメなんですよ。たとえば、かつて山口組の組長だった田岡一雄がヤクザの道に入ったのは、先代の親分のやさしさに触れたのがきっかけだったといいます。食う物がなくて腹を空かせているときに、あったかいご飯を食わせてくれたんですね。肉親にもそんなにやさしくされたことがなかった田岡は、そのやさしさに惚れてヤクザになった。まあ、子供がヤクザになっては困りますが、それが人の上に立つ者の心得なんです。

小林 オヤジのような強さを持っている一方で、母親のようなやさしさも必要なんだ。

堀辺 ええ。武士の世界も例外ではありません。侍の大将になる者には、たとえば部下の矢傷から口で毒を吸いとってやるような母性も求められる。偉大な武将は、部下に試練を与える強い父性と、「この人のためなら死んでもいい」と思わせるような献身的な愛情を兼ね備えているんです。秀吉にしても家康にしても、もちろん恐怖を与えることで支配した面もありましたが、ある意味で女性的なやさしさによって相手を包み込むようなところがあった。だから、部下に慕われたんですね。対極にあるのが織田信長です。彼は、政策としては「安民」を考えていたんですが、部下に対しては父性原理で接した。

小林 そこが信長の非情なイメージにつながっているんですね。

堀辺　母性的なものが欠けていたことが、信長が志半ばで倒れた理由のひとつだったような気がしますね。戸塚さんも、自分の信念を貫く男らしさは素晴らしいと思いますが、少なくとも私は、預かった子供の死を悔やんで彼が涙を流したりしている姿を見たことがない。世間では、彼のような厳しさだけの指導が「スパルタ式」だと誤解されていますが、人間はそれだけでは動きません。

小林　なるほど。教育には父性と母性の両方が必要だと聞くと、自分では何もできなくなっている親のほうにも深刻な病を感じますね。施設や学校に期待するばかりで、家庭での教育が疎《おろそ》かにされている。たとえば、いじめられて死んだ子の親たちも、教師や生徒に博愛主義を求めるようなコメントを出したりしていますよね。その一方で、簡単に自殺してしまうような子供に育てた自分たちの責任については、一体どう考えているのか。

堀辺　親も教師も、弱者が戦いを通じて自力救済することの大切さを教えていないんですよね。そもそも今の大人たちは、子供の世界に弱者と強者がいることを認めようとしない。みんな平等だという事だけを大前提にしてしまっているんです。

小林　でも教室の様子を見ていれば、どの子がいじめられやすい弱者なのか、わかるはずなんですよ。わしが小学生だったときも、クラスにやたらと影の薄〜い女の子がいたんです。で、あるとき全員が順番に自己紹介をする時間があって、その子が暗い声でブツブツ喋り始めたときに、わし、「何だか幽霊が生き返ったみたいな奴だな」って言ってしまったのね（笑）。そしたら、担任の女教師が歌舞伎役者みたいなもの凄い形相でわしのことを睨みつけたんですよ。教室中が凍りつくぐらいの勢いだったな。わしはクラスの人気者で、みんなわしの扇動には乗りやすかったから、教師としては「これは危ない」と思ったんでしょう。みんなが内心でうっすらと思っていたことを、とうとう小林が口にしてタブーを破ってしまった。これを放置していたら、その子がクラス中の攻撃対象になってしまうと思ったんでしょう。そうやって、いじめの芽を未然に摘み取る見事な教師が、昔はいたんですよ。でも今の教師は、わしみたいな人間を野放しにして、下手すると「いいあだ名だ、小林の言うとおりだ」なんて調子に乗らせる奴までいる。

堀辺　昔の教師は、生徒に「みんな平等」とは言いながらも、強者と弱者がいるという現実を把握していたということですね。

小林　もっとも、今の学校で問題なのは、いじめられる側が戦わないという以前に、いじめる側も戦っていないということ。相手が気に入らないならブン殴って戦えばいいのに、それはしないわけです。

国家のいじめを見過ごす平和主義者

堀辺　昔のケンカと今のいじめには、質的な違いがあるんです。ケンカというのは、「食うか食われるか」という動物の世界と同じように、露骨な形で腕力が行使される。それに対して、いじめには腕力の行使がありません。目に見えない陰湿なやり方で、相手が自ら滅んでいくように仕向ける。なぜそんなことになったかといえば、その遠因は憲法9条でしょう。

小林　やはり、堀辺さんもそう思いますか。

堀辺　はい。戦後の日本では、自衛のためだろうが何だろうが、戦うこと自体がいけないということになりました。相手を殴って決着をつけるなんて、絶対に認められません。そのために、子供のケンカも抑圧されてしまった。戦いによる自力救済は許されない。だから、かつては目に見える形でケンカをしていた子供たちが、いじめという目に見えない形で他人を攻撃するようになった。国家の姿が、学校にまで蔓延したということですよ。

小林　だから、いじめ問題も北朝鮮問題も根は同じだと思う。姜尚中[*2]や朝日新聞は「北朝鮮を攻撃するな」と言うけど、その北朝鮮内部で行なわれているのは、どえらい規模の「いじめ」でしょ。世界最大の収容所があって、その中では女が看守に犯されたり、大量の餓死者が出たりしている。北朝鮮の国内には、「早く戦争でも起こって、この体制が潰れてほしい」と思っている人たちが大勢いるはずですよ。ところが周辺の国々は、自分たちの利益だけを考えて、「難民が流出したら大変だから、潰さずにあのまま放っておけ」という。中国はもちろん、韓国も同じ民族なのに難民を受け入れたくないものだから、経済発展するまで放置しておいたほうがいいと思っているんです。でも、あの惨状を見て見ぬふりをするのは、ホロコーストを放置しているのと同じこと。ごく普通の倫理観を持っていたら、道義的に放っておけない。それなのに、わしが「あの体制を潰すためには戦争もやむなし」などと言うと、「小林は好戦的で弱者の立場を無視している」と批判される。

堀辺　人を殺すのが趣味なんじゃないか、とかね（笑）。

小林　いやいや、さすがにそこまでは言われてませんけど（笑）。とにかくわしは、単なるマッチョイズムで言っているわけじゃない。弱者を無視しているのは、むしろ左翼のほうですよ。姜

＊2…政治学者、東京大学大学院教授。北朝鮮問題では「たとえ正義という感覚からずれていても、平和が達成されるならば、その道（正義なき平和）を選ぶべきではないか」と金正日体制を延命させるような論陣を張っている。

尚中なんか、自分と同じ民族の人々がひどい目に遭っているのに、戦争だけはしてはいけないと言う。同胞を救いたいなら、あの体制を潰すために手段を選ばないのが人情というものでしょう。それを放っておいて平気でいられる反戦平和主義者には、やさしさのかけらもない。

堀辺　以前、『ザ・樹海』という漫画で小林さんが描いた少年がそうでしたよね。「命を粗末にする奴は大嫌いだ！」と言いながら、自殺の名所である富士の樹海に乗り込んでいくんですが、そこで野犬に襲われて助けを求めている少女を救おうとはしない。少女の命のことは脇に置いて、野犬から自分の命を守ることだけを考え、「ぼくは殺すのも殺されるのもイヤだ！」と叫びながら、戦わずに逃げ去ってしまうわけです。あれは、まさに戦後の日本を支配している歪んだ生命尊重主義を象徴するものでした。自分の命さえ安全なら、他人の命はどうでもいい。でも、そうやってひとりひとりが自分の命を大切にしていけば、社会全体も生命を尊重するようになる——というのが、戦後日本人の考え方でした。

小林　子供の自殺や殺人事件が起こるたびに、マスコミは「命を大切にする教育を」と言うんだけど、それは今までさんざんやってきたんですよね。その結果、命を守ることが最大の目的になり、命をひとつの手段として使うという発想がなくなってしまった。

＊3…昭和45（1970）年、割腹自殺したときの檄文は以下のものだった。「生命尊重のみで、魂は死んでもよいのか。生命以上の価値なくして何の軍隊だ。今こそわれわれは生命尊重以上の価値の所在を諸君の目に見せてやる。それは自由でも民主主義でもない。日本だ。われわれの愛する歴史と伝統の国、日本だ。これを骨抜きにしてしまった憲法に体をぶつけて死ぬ奴はゐないのか」（一部抜粋）

堀辺　いじめ自殺にしろ、靖国問題や安全保障問題にしろ、その根底には戦後日本の特殊な事情が働いていると私は見ています。それは生命観の問題です。自衛隊に決起を呼びかけて自決した三島由紀夫さんも、そこに強い問題意識を持っていた。市ヶ谷駐屯地のバルコニーから檄文[*3]を撒いたとき、そうやって自分が呼びかけても自衛隊が決起などしないことは、彼が一番よく知っていたと思うんですよ。しかし、それでも彼が行動を起こした背景には、もっと別の狙いがあったからではないでしょうか。あの演説の中で彼が一番言いたかったのは、「命を懸けなければ美しいものは実現できない」という事に違いありません。そこには、人間には命以上の価値が存在するというメッセージが込められています。ところが戦後の日本人は生命至上主義に陥ってしまった。それが日本をダメにした根本原因である。だからこそ、彼は自ら命を捨ててみせたのだと思います。自分の肉体を使って、戦後イデオロギーに刃を突きつけたわけです。

小林　それを言葉で言っても伝わりませんからね。

堀辺　だから三島は、まさに自分の命を使って伝えたわけです。命というのは、一回限りのものですよね。人間は努力によっていろいろなものを身につけることができますが、財産や地位や名誉や幸福感といったものは、すべて一回限りの命を基盤にして成り立っている。だからこそ人間は、命をどう使うかという覚悟を持っていなければいけない。危機的状況に直面したときにその覚悟を持っていなければ、生を充実させることはできません。そして、それをもっとも切実な問題として考えていたのが、日本の武士たちでした。自分の命を捨てても他人の命を助けるというのが、武士道の基本です。

ヒューマニズムを誤解した戦後日本人

小林　そういう武士の生き方を、たとえばNHKは肯定的に描くわけですよ。ふだんは反戦思想や生命至上主義を前面に押し出した番組作りをしているのに、大河ドラマでは毎週のように戦国時代の兵隊たちが槍を持って突進して、とてつもなく簡単に殺されるシーンを放送している。わしなんか、あの無惨で気の毒な姿を見ると、かえってヒューマニズムの感情が沸き起こってしまうんですけどね。あそこでは、死ぬのが当たり前。たとえば関が原の戦いで生き残る確率なんかものすごく低いわけで、そういう戦《いくさ》をいくつもくぐり抜けながら死なずに大将にまでなっていく連中って、どえらい強さの持ち主だな、と感心しますよ。一太刀浴びてもはねのけて、ケガも放っておけば治癒するぐらいの強靱《きょうじん》な体力がないと生き残れないんじゃないかと思ってしまう。わしみたいな弱々しい男があんな時代に生まれとったら大変だったと思ったりもするわけ。そうやってリアルに考えたら、あれほど「命を大切にしない奴」ばかり出てくるドラマを、生命至上主義者が作れるわけがない。だけどNHKは、命を投げ出して戦う武士の心意気を「美談」として描きながら、大東亜戦争については、まったく正反対の描き方をするんですよね。同じようにあっさり死んでいった兵隊は大勢いたのに。そういう日本人の姿を、台湾人は「あさり精神」と呼んで今でも讃えていますよ。しかし今の日本人は、命への執着心しか持っていない。

堀辺　幕末に儒教の理論を借りて武士道を体系化した山鹿素行は、その精神のことを、『論語』を引用して「志士仁人《ししじんじん》は生を求めて以て仁を害するなく、身を殺して以て仁を成す事あり」と宣言しています。これを略して「殺身成仁」というのですが、実を言うと、これはキリスト教の考えともつながっている。キリスト教では、神の子イエスが人類の罪を一身に背負って十字架に磔《はりつけ》にされ、自らの身を殺すことによって神の愛を実践したということになっています。だから、内村鑑三*4や新渡戸稲造といったかつての武士の心を宿していた人たちがキリスト教徒になったのは、不思議でも何でもありません。かつては各藩の主君に忠義を尽くしていた武士たちが、幕

＊4…思想家。札幌農学校では新渡戸稲造と同級生だった。著書に『余は如何にして基督信徒となりし乎』。

末になると封建的な君臣関係から解き放たれ、より高次元な「仁」のために自分の命を使おうと考えるようになった。近代日本を作るために、「志士は死士たるべし」という言葉もあったぐらいです。そこで彼らがキリスト教を選んだのは、ある意味で自然な流れだったんですよ。

小林　だとすると、日本の生命至上主義者にとっては、イエスも「命を大切にしない奴」になるわけだ。

弱肉強食を忘れた「お坊ちゃん」の思想

堀辺　戦後の日本人は、ヒューマニズムというものを誤解しているんですよ。キリスト教のヒューマニズムとは、極限状況においては自分の家族や共同体、あるいはもっと大切なもののために命懸けで戦うという、戦闘的な意欲を秘めたものなんですね。それは武士道も同じ。ところが現在の日本では、戦いを通じて人のために命を捧げるのは野蛮な行為だということになっています。ひとりひとりが自分の命を大切にしていれば、社会全体も平和になると思っている。アダム・スミスの「見えざる手」と同じように、それぞれが自分の命を大切にしていれば、自然に調和をもたらす力が働いて生命尊重のヒューマニズム国家が生まれると信じているんですね。でも実際は、みんなが自分の命だけを大切にして、自分が得をすることばかり追求してきたから、こんな世の中になったわけです。現実には国外でも国内でも弱肉強食の争いが行なわれているわけですから、その修羅場の中で命を懸けて戦わなければ正義なんか実現できるはずがない。その戦いを否定するのは、人間が動物とは違うものだと錯覚しているお坊ちゃんやお嬢ちゃんの思想にすぎません。実際は、人間だって動物的な部分を持っている。弱肉強食による自然淘汰の法則が、人間の社会にも影を落としていることは否めないんです。戦後の日本人はそこを見ようとしない。

小林　自分が友好的に振る舞えば、相手も攻撃してこないと思っている。

堀辺　しかし現実には攻撃される恐れは常にあるわけで、そこで戦わないようでは、ある意味で動物以下でしょう。動物の世界でさえ、弱者が命を投げ出して戦うことはあるんですよ。たとえば母鹿は、子鹿をライオンから守るために命を投げ出す。ライオンの前を横切って注意を自分のほうに引きつけ、追いつかれると体当たりして戦うんです。最後は食い殺されてしまうんですが、私はテレビでそれを見て、愛とは何かということを明確な形で知らされました。もちろん、人間の内なる自然には「とにかく生きていたい」という動物レベルの自己保存欲求があります。でも、この動物的な本能を乗り越えない限り、他者に対する愛情は永遠に成就されません。

さらに言えば、そのシーンをテレビで見たときは、自分が鹿に生まれなくてよかったとも思いましたね。鹿に生まれたら、常に「食われる側」として存在しなければならない。しかし私は幸いにも人間として生まれたので、武器を持っていればライオンでもトラでも一発で倒すことができる。それが人間の文明というもので、武器の発明というのは弱肉強食の法則を打破するための知恵だったわけです。武器というとただ野蛮なものだと思われていますが、実はそれが人間らしい文明社会を成り立たせている面もある。自然界の掟だと言われても、人間の場合、弱者は黙って強者に食われるわけにはいきません。武器を手にしたことで、人間は母鹿のように食い殺されることなく、時に強者を打ち破ることができるようになったんです。

「バッファロー」と「旧日本兵」は同じ弱者

小林　だから、弱者だって戦わなきゃいけないんですよ。その一方で、社会の側は、どこにどんな弱者がいるのかということを深く見据えなければならない。わしは昔も今もそれを言っているつもりなんです。『東大一直線』でデビューして以来、わしは一貫して「異形の者」を描いてきた。たとえば『忠牛ばっふぁ郎』という作品があるんですが、なぜ犬でも猫でもなくバッファローなんか描こうと思ったのかといえば、それが異形の者であり、弱者だからです。バッファローは一見すると強そうな姿をしていて、誰も可愛いとは思わないからペットにはなり得ないんだけど、実は絶滅しかねない種なんですね。

堀辺　まさに、弱肉強食という自然界の法則の下で、厳しい状況に立たされているわけですね。それに対して、人間に飼われている犬や猫は、たまたまその法則から逃れることができた。ペットとはそういう動物のことです。そういうペットとバッファローのどちらが弱者であるかは、明らかでしょう。

小林　で、その『忠牛ばっふぁ郎』という漫画が好きでよく読んでいたという香山リカに、以前『わしズム』の座談会で、「小林さんは変わってしまった」と言われたことがあるんですよ。あの頃の小林よしのりは弱者の味方だったのに、『戦争論』で強者の側に立ったから失望したと言うんですね。でも、わし自身は少しも変わったと思わない。わしにとって旧日本兵というのは、見た目は怖いけど絶滅種になりかけているバッファローと同じ異形の者であり、救うべき弱者なんです。郷土を守るために戦った日本兵たちが、戦後民主主義的な言語空間の中では、平気で人殺しをした悪人としか扱われていなかった。だからこそ、わしは『戦争論』を描いたわけです。

堀辺　戦後の日本人は人間の命が何よりも大切だと思っているから、その命を投げ出して戦うなどというのは、理性のある人間のやることではないと考える。もちろん、それを勧めた当時の指導者もいけない。そういう非常に浅薄な物の見方しかできないんですよ。

小林　そうそう。「悪人」とは見ないとしても、「心ならずも戦場に行かされた気の毒な犠牲者」[*5]というふうにしか見ようとしない。どちらにしても、戦後の日本では、彼らの戦いというものが貶《おとし》められてきた。そういう旧日本兵の立場を「強者の側」だというのは、「弱者とは何か」という問いに対する考察が浅いと言わざるを得ません。

「エロス」と「アガペー」の相違点

堀辺　小林さんを批判する人たちが抱いている不安というのは、結局のところ命の問題なんですよ。それこそ『戦争論』でも、要は「おまえたちは公のために命を捨てられるか」と読者に問う

＊5…小泉首相（当時）は終戦日の追悼式など折に触れて、戦没者を「心ならずも国のために貴い犠牲になられた方々」と表現した。

てるわけですよね。生命至上主義者には、その設問自体が耐えられない。考えるだけで怖いんですよ。しかし江戸時代の日本人は、武士のみならず、庶民さえ大切なもののために命を捨てる覚悟を持っていた。心中物の浄瑠璃や芝居が流行《はや》ったのが、その表われでしょう。背景には、「町人だって大切なもののために命を捧げられるんだぞ」という武士社会への対抗意識もあったと思います。「心中」という言葉はひっくり返すと「忠」という文字になりますからね。

小林　なるほど。少なくとも「命を大切にしない奴」を蔑《さげす》むような発想はないですよね。むしろ、武士的な価値観を自分たちも共有している。

堀辺　いずれにしろ、人間の究極的な愛とは、命を相手のために捧げるということです。われわれが武士道というものを掲げていると、「封建時代の古い道徳に洗脳されているだけだ」などと言う人が少なくありません。旧日本軍についても「軍国主義教育に洗脳されたために、国のために死ぬことをおかしいと思えなくなっていたんだ」としか解釈できない人は大勢いる。そんなふうにしか思えないのは、そこに介在している「愛」というものを見落としているからなんですよ。意図的に見ないようにしているのかもしれませんが。

小林　たしかに、旧日本兵が守ろうとしたものに対する思いみたいなものを差し引いてしまったら、ただ無謀な行為にしか見えないよなぁ。

堀辺　私は、「武士道は命を粗末に扱う思想だ」と言われたときに、決して否定はしません。自ら命を捨てるという側面だけを見れば、その通りです。しかし、武士がなぜ命を粗末に扱えたかといえば、ひとつしかない自分の命を、正義の実現や共同体の防衛といった他者への愛情を成就するために使うという覚悟があったからでしょう。要するに、命よりも大切なものがあるから、命を捨てることができる。それを「命を粗末に扱う奴」と言うなら、それで大いに結構ですよ。命を粗末に扱うという選択をすることによって、私は人間としてもっと大切なものを失わないように心掛けているつもりなんです。もちろん人間の「愛」にもいろいろあって、男が女を抱くのも愛ですが、それは「エロス」ですよね。しかしキリスト教文化では、イエスのように身を捧げる愛を「アガペー」と呼んで「エロス」と区別している。このアガペーによって命を捨てることこそが、本当に人間らしい戦闘的人道主義だと私は思います。

小林　まあ、たとえ「エロス」の愛だとしても、好きな女に嫌われたくなかったら、少なくとも戦う姿勢は見せないといかんよね。道で変な男に絡まれたとき、女の子を残して一目散に逃げてしまったら、もう会ってもらえない（笑）。

「君のためなら死ねる」と言える恋愛

堀辺　倉田百三[*6]の『愛と認識との出発』という本の中に、こんな一節があるんです。

「いかなる男性が男性として最も偉大であるか。私は女性に死を肯定せしめたる男性が最も偉大であると思う。いかなる女性が女性として最も偉大であるか。私は男性に死を肯定せしめたる女性が最も偉大であると思う。しからばわれらは最も偉大なる性の力を誇り得る二人である。私らは互いに死を肯定した。

御身は御身の愛するもののために死にあたうや。

しかり。あたう。御身は？

もとよりあたう。わが最愛の人のために死なんは最も大なる幸福なり。よろこびてこそ死なめ。

これ永遠にわたりて最も心強き献身的なる犠牲の心である。人間が死を覚悟するということは

＊6…大正、昭和初期の劇作家、評論家。親鸞とその弟子を題材にした『出家とその弟子』が大正期の青年のあいだで熱狂的に読まれ、ベストセラーとなった。

なかなか容易なことではない。私らは軽々しく生きるとか死ぬるとかいうのを慎まなければならない。しかしながら文字どおりに真実なる表現の価値を背景として、この対話を読みてみよ。これじつに偉大にして、崇高なる生命の大事実ではないか」

続けて倉田は、*7乃木希典《まれすけ》将軍の殉死についても書いています。

「乃木大将を見よ。大将の自殺は今の私にとり無限の涙であり、また勇気である。大将の自殺は旧き伝説的道徳の犠牲ではない。最も自然にしてまた必然なる宗教的の死である。先帝の存在は大将の生活の中軸であり、核心であった。先帝を失うて後の大将の生活は自滅するよりほかなかったであろう。とても生きるに堪えなかったであろう。私は大将の献身の対象が国君であったからいうのではもとよりない。ただかくまで自己の全部をあげて捧げ得る純真なる感情と、偉大なる遺志とを崇拝し、随喜するのである」

男女の愛を語りながら、武士道の真髄である忠義の精神にも触れているわけです。

小林　昔、『少年マガジン』に連載されていた『愛と誠』（原作・梶原一騎、画・ながやす巧）という漫画に、「君のためなら死ねる」という台詞があったんですよ。岩清水弘という男が早乙女愛という女に向かって吐く言葉なんだけど、あの当時までは、そんな台詞が若者の心にインパク

＊7…陸軍大将。東郷平八郎元帥とともに日露戦争の英雄とされる。明治天皇の大喪の日に妻とともに自刃した。

トを与えていた。だけど今の漫画は、純愛ブームと言いながら、そこに命を懸けている感じはしないですね。

堀辺　戦後の価値観すべてが本質的に揺らいでいるのは、ひとつしかない命を究極においてどう使うかというギリギリの覚悟がないからです。男と女だって、命を懸けなければ本当に愛し合うことはできません。愛というのは、そんなに軽いものではないと私は思うんですよ。命を懸けてこそ、愛と呼ぶに値する。ところが戦後の日本人は、命なんか懸けなくてもヒューマニズムが実現できると考え、自分の命だけは永らえて愛情が成立すると思っている。でも、そんなヒューマニズムや愛がこの世の中に存在しますか？　だから、小林さんが以前「命を懸けずに『ゴー宣』が描けるか」と言っていた気持ちが、私にはよくわかります。

小林　まあ、あれは成り行き上そう言わざるを得なくなってしまったわけだけど（笑）。

堀辺　いや、たとえ成り行き上のことであっても、最終的にその覚悟を持てるかどうかが大事なんですよ。男女の関係だって、最初に恋に落ちるときはその場の成り行きかもしれないですよ（笑）。でも、それが本物の純愛かどうかは、究極的な状況で「こいつのためなら自分は命を懸けられる」と思うかどうかで決まるんです。

夜道で愛してもいない女を守る理由

小林　わしの場合、自分がものすごく弱いから、女を連れて夜道を歩いてるときにガラの悪い連中とすれ違っただけで「襲われるかもしれん」と警戒するわけですよ。わしひとりでこの女を守れるんだろうかと思うと、大変な恐怖心を抱いてしまう。ところが不思議なもので、女のほうはそういうことを考えないのね。こっちは緊張しまくっているのに、女は近づいてきた連中に対する警戒心が一切なくて、一生懸命わしに熱を上げてペタペタとくっついてくるわけですよ。ちょっと離れてくれ、って言いたくなる（笑）。

堀辺　わかります、わかります。いちゃついていると、ますます相手に因縁をつける材料を与えることになりますからね。

小林　そういう状況では、どうやって戦えば守れるのかを全力で考えちゃうわけですよ。もっとも、それが本当に自分の愛する女だったらいいんだよな。何とかして逃がすために、相手に噛みつくとか、金玉か目玉だけを狙うとか、ありとあらゆることを考えるでしょ。でも、一緒に歩いているのが必ずしも最愛の女だとはかぎらないのが難しいところで（笑）。それこそ成り行き上、夜道を歩くことになっただけかもしれない。「もう明日には別れようかな」とか思ってるぐらいの女かもしれない。それでも、その女を男たちの前に押し出して自分だけ逃げることはできないわけです。そこに愛はないのに。

堀辺　それが男の意地というものですよ。戦後の男たちは、この意地というものを忘れてしまった。命を懸けるほどのことではなかったとしても、もしそこで何もしないで逃げたら男として恥ずかしい。そう思って戦うのが男でしょう。

小林　わしの今の仕事も、正直に言えば、そういう部分がけっこう大きいんですよね。ふと気づいたら、「命懸けで描く」と言わざるを得ない立場になっていた。本当は放り出して逃げたいのに、意地を張ってやってるようなところがある。わしが「女を捨てて逃げるわけにはいかない」なんて言うと、すぐ「男根主義者」とか「マッチョイズム」などという言葉で批判されちゃうんだけど、本来そんな男では全然ないんですよ。日活映画の石原裕次郎みたいに、悪漢を片っ端から殴り倒して「お嬢さん、大丈夫ですか」と手を差し伸べる角刈りの男には、わし、絶対になれんから（笑）。そんなことはできない臆病な人間なのに、なんでこうまでして戦っているのか、ときどき自分でも「おかしいな」と首をひねることがありますよ。

堀辺　でも、そうやって他者と命懸けで関わることこそが、生きることの本質だと思うんですよ。人間は、自分ひとりで生きていたって、面白くもおかしくもない。そこには何の価値もありません。地球上に自分だけ生き残った状況を想像すれば、誰だってそう思うでしょう。他者との関係性にもいろいろあるわけですが、どんな関係性でも、ないよりはあったほうがいい。もちろん、お互いに愛し合ったり理解し合ったりするのは至福のひとときですが、仮に傷つけ合ったとしても、何の関係性もない状態よりは人間的ですよ。それほど人間は弱いものだとも言えるでしょうね。他者と完全に切り離されて孤独に耐えながら生き続けられるほどの強さは、持っていない。だから人は群れをなし、家族を作り、そしてそれを守ろうとするんです。

「知識人生命」を守るためにタブーを冒せない言論人

堀辺　それに、小林さんは自分のことを臆病だと言いますが、昔の武士たちだって、ただ勇ましいだけではなかったんですよ。たとえば目の前に5人の敵がいるときに、武士はどう考えたか。

「こいつらさえ倒せば助かる」とは考えません。5人を倒しても、また別の5人が襲ってくるかもしれない、と考える。その5人を倒しても、また次の5人が現われるかもしれない。そうやって次々に敵が襲いかかってくれば、どんなに強い者でも、最後は自分がやられます。

小林 そういえば堀辺さんの道場でも、次々とかかってくる何十人もの新手を相手に、負けるまで戦い続ける荒行がありましたよね。

堀辺 ええ。最後は必ず負ける。常に自分が死ぬ可能性を考え、その覚悟を決めておくことが、武士道の要諦でもあるんです。そういう考え方が身についているので、武士は問題への対処法を考えるとき、ある意味で臆病にならざるを得ませんでした。命がひとつしかないことを知り尽くしているので、それを無駄には使いたくないわけです。「ここぞ」という状況でしか、命は捨てない。ひとつしかない命は究極の価値のためにしか捧げないという考え方が、武士の社会には根づいていたんですね。

小林 つまり、自分が「何のために生きるか」は、「何のために死ぬか」と同じ意味だったわけだ。

堀辺 逆に言えば、命を捨てることを想定していない現代人は、自分にとっての究極の価値を発見しにくくなっている。生命を尊重することばかり追いかけていると、自分たちが何のために生きているのかということが見えなくなるのですから、皮肉な話です。そこからは、命を懸けなければ真実の愛には到達できないという倉田百三のような発想は生まれてこない。すべてが遊戯化してしまう。それを三島由紀夫は戦後日本の腐敗と見たわけですよ。彼が戦後社会に嗅ぎ取った死臭は、人間が何事かに命を懸けられなくなったことに起因している。男女の恋愛もそうだし、たとえば芸術家も芸術のために命を捨てることができない。すべての分野がそうなってしまった。死を覚悟しないということは、要するに魂が入らないということですよね。言論だって、自分の命を捨てる覚悟がなければ説得力が生まれません。いじめられている子供たちに「逃げろ」とアドバイスする人間は、自分自身も戦いから逃げているんですよ。だから、命懸けで『ゴー宣』を描いている小林さんが怖いんです。自分の「知識人生命」を守ることが目的化しているから、タブーを冒そうとしない。

小林　わしみたいなこと言ってたら、テレビで使ってもらえなくなるからね。あるエッセイストが雑誌に書いた文章を読んでいたら、テレビ局の姿勢を批判する文脈の中で、「24時間テレビに小林よしのりを使うぐらいのことをやってみろ」とか書いてたけど、わしってそんなに危険なのかなぁ。

堀辺　それが、加藤紘一なんかが警戒する「小林よしのり系」ということでしょう。私は逆にこの「系」がもっと太くなれば、日本の現状に深々と楔《くさび》を打ち込むことができると思いますよ。「これを言ったら自分が損をする」ということを承知しながら、あえて言うべきことを言う人間がいなくなったことが、戦後日本のもっともダメなところなんです。誰も意地を張らなくなった。だからこそ、私は小林さんの『戦争論』を初めて読んだときに大きな拍手を送りたくなったわけです。ふつうの人が「こんなことを書いたらメディアに干されて言論人としての生命を失う」と考えて黙るところを、小林さんは臆せずに描いた。その勇気に対して、私は最大の敬意を表したい。そういう言論人が、もっと現われなければいけないと思いますね。

世界に武士を知らしめた！
これが「ハラキリ」だ！

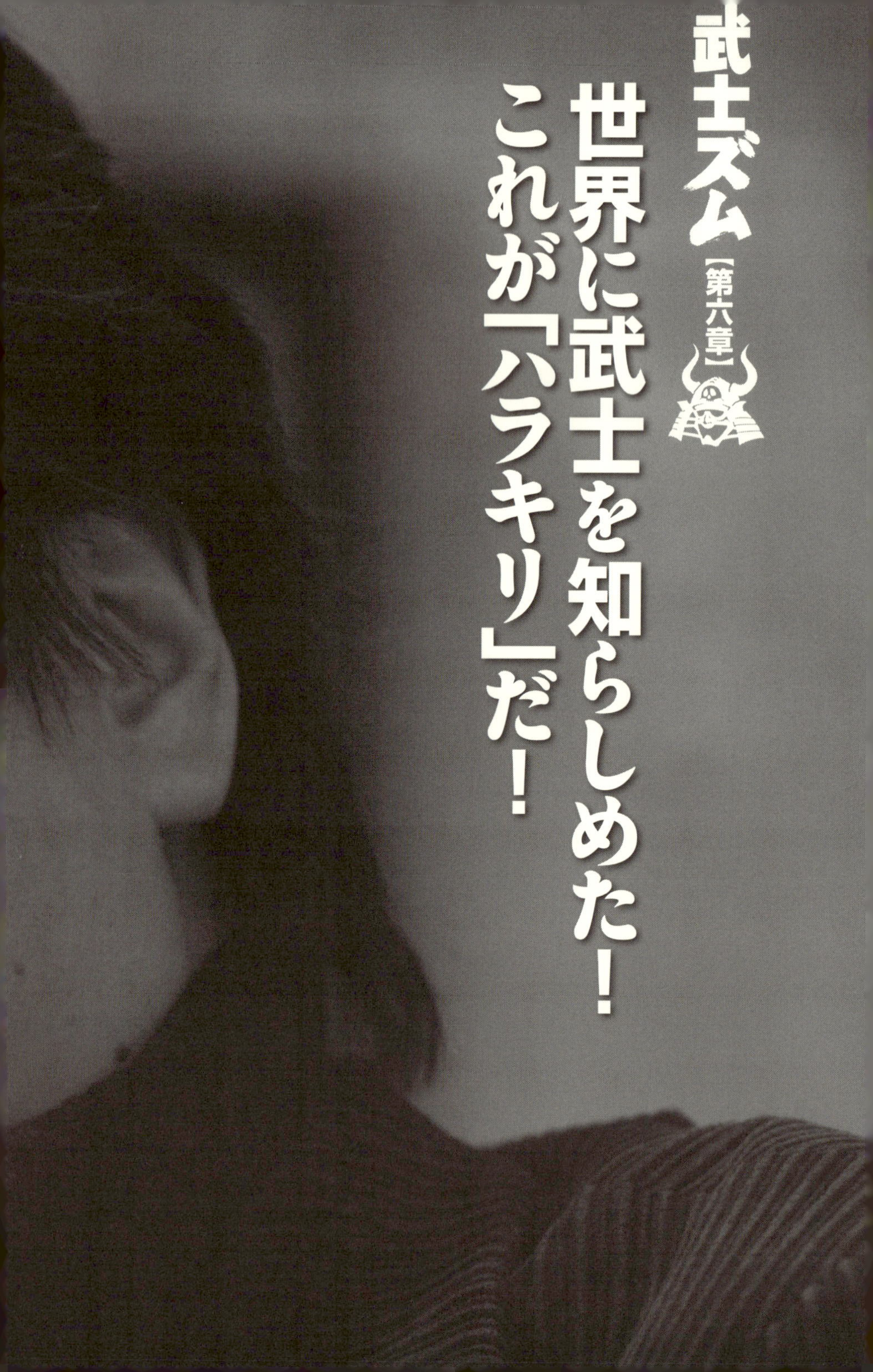

左翼に利用された武器商人の大ボラ

堀辺　このあいだ明治神宮に参拝したときに、大学院で日本史を勉強しているというフランス人の学生たちに「一緒に写真を撮ってくれ」と頼まれましてね。

小林　堀辺さんの場合、歩いていれば必ず目につく風貌をなさってますからね。外国人観光客にとっては、〝歩く名所旧跡〟みたいなものでしょ（笑）。サムライの末裔と一緒に写真を撮れば、何よりのお土産ですよ。

堀辺　それで写真を撮った後で明治天皇のこととか幕末のことなどいろいろ話をしたんですが、さすがに日本史を勉強しているだけあって、とても詳しくて驚きました。たとえば彼らは、「日本が新しく近代に生まれ変わるときに、われわれフランスは失敗した」と言うんですよ。幕末のフランスは、日本にいたロッシュという公使とナポレオン3世が組んで幕府を支援する側に回ったのですが、これは日本を含む東洋の政治情勢などをまったく理解していなかったからだ、というわけです。それに対して、イギリスは薩摩・長州を応援することで、明治政府での足がかりを築いた。さすがに大英帝国には植民地支配のノウハウと遂行能力があった、と称賛していましたね。

小林　当時、イギリス公使のパークスとフランス公使のロッシュは常に対立関係にあったんですよね。それでイギリスのほうは倒幕側のほうに武器をどんどん渡した。長崎に旧邸宅が残っている英貿易商のグラバーは武器商人で、明治になってからは「俺の武器で薩長が勝ったんだ」と威張っていた。

堀辺　自分が明治維新を推進したようなものだ、と大ボラを吹いていたそうですね（笑）。それが、のちに左翼に利用されたんですよ。明治維新政府はイギリスの傀儡《かいらい》として成立したもので、日本人が自らアジアで最初の近代国家を建設したというのは幻想にすぎない、というわけです。そういう理屈で明治維新の英雄たちの功績を貶《おとし》め、「日本はすべて一からやり直さなければいけない」と主張することで、マルクス主義革命の下地を作ろうとした。今でもそういう論調はなくなっていませんが。

小林　それにしても、フランスの学生はよく勉強してますね。日本の学生で、そんな歴史を知っている奴がどれだけいるんだろうか。

「戦前は暗かった」という大誤解

堀辺　実際、私は日本人の学生にも声をかけられたことがあるんですが、こちらは明らかに勉強不足でしたね。ちょっと喋っているうちに、どうやら田原総一朗さんの信者らしいとわかったんですが（笑）、小林さんが以前「戦前も象徴天皇制だった」と言っていたのは間違いじゃないか、戦前の天皇制はファシズムだったはずだ、と私に質問してくるんですよ。だから私、逆に質問したんです。「君は戦前の天皇機関説も認めないのか？」って。そうしたら、天皇機関説は認めると言うんですね。

小林　さすが田原総一朗信者だな。一方で「天皇ファシズム」と言いながら、一方では「天皇機関説」と言う。矛盾したことが平気で同居しちゃうんだよ。

堀辺　それで「天皇機関説というのは、戦後の言葉でいえば象徴天皇制のことなんだよ」と教えてあげたら、「そうなんですか」と言ってましたけどね。果たしてわかってくれたかどうか……。もっとも、彼らが敬愛してやまない田原総一朗さん自身、坂野《ばんの》潤治東大名誉教授と対談した『大日本帝国の民主主義――嘘ばかり教えられてきた！』という本の中では、「戦前の大日本帝国にも民主主義が明らかに存在したなんて僕は知らなかった」とか「天皇機関説って象徴天皇制なんだ」といたく感激してるんですが。

小林　そんなこと、わしは昔から何度も言ってるんですが、あの人は漫画家の描いたものなんかまったく読んでない。だけど権威主義者だから、学者からそういう話を聞くとあっという間に信じてしまうわけ。その対談は『SAPIO』で連載していたときから知ってますが、その頃は田原総一朗も「戦前は真っ暗な時代だったとか民主主義もなかったとかいうのは間違い」なんて言ってましたよ。でも案の定、一過性のものでしたね。とっくに元に戻ってる（笑）。すぐに意見が変わるんだ、あの人は。

堀辺　まあ、信者たちには買って読むように勧めておきましたよ（笑）。

小林　田原総一朗の世代は、物心ついたときにはすでに戦争が敗色濃厚だったから、戦前というと、食い物はないわ爆弾は落ちてくるわ、という感覚しか持っていない。戦後は占領されて闇市だ何だという時代だから、ひたすら暗いという印象が身についてるわけ。

堀辺　その時期だけを見て、「戦前の日本はすべてそうだった」と拡大解釈しているんですよね。

自分の個人的体験が普遍性を持っている保証はまったくないのに、少年時代に受けた感覚が、あたかも明治以降の日本を貫いていたかのように語っている。

小林　そうそう。戦争が始まったばかりの時代にもう少し遡《さかのぼ》るだけで、雰囲気はまるで違うんです。わしの祖父なんか、お寺の住職だったんだけど、中洲（福岡・博多の歓楽街）でよく遊んでいたし、自分で洋食を作ったりしてたそうですよ。だからわしの母親も、子供の頃からナイフとフォークで食事していたらしい。そういう戦前もあったんです。でも知識人の中には、自分のプライベートな体験だけですべてを語ろうとする奴が多い。「戦争体験者」として語られると、聞くほうはそれが真実だと思ってしまうんだけど、その体験というのはきわめて局地的なものにすぎないんですよね。

堀辺　貴重な体験であることはたしかでしょうが、いったん自分の中で普遍化する作業をしないと、歴史から何かを学んだことになりません。

小林　ちょっと学者と対談したぐらいでは、その知識が普遍化されない。そのときは「自分の知らない戦前があったのか」と感心しても、本当の意味で学んでいないから、すぐに忘れてしまう。結局、自分の戦争体験のほうが強烈だから、元に戻ってしまうんでしょうね。

斬りたくて斬りたくてムラムラする

堀辺　それは人間なら誰しも持ってる弱点と言えなくもありませんが、世論形成に大きな影響力を持つ学者、文化人、ジャーナリストといった職業の人間は、その弱点を克服しなければ仕事をする資格がないと私は思います。要するに、もっと勉強していただきたい。そう言いたいのは、田原さんばかりではありません。というのも、田原さんが尊皇攘夷について「尊皇は残ったけど、攘夷は消えちゃったんだ。いつごろなんですか」と質問したのに対して、坂野さんが「それを僕も知りたくて、つい最近、木戸孝允や大久保利通の伝記を全部読んでる最中です」と答えているんですよ。

小林　坂野さんも、よくわかっていないということですか？

堀辺　ええ。坂野さんは、幕末から戦前までの近現代史の専門家です。実際、大日本帝国の民主主義がどんなものだったかということに関しては、傾聴に値する説を唱えられている。私も、坂野さんのお書きになった『明治デモクラシー』という本をはじめ、いろいろと勉強させてもらいました。それぐらい信頼に足る専門家であっても、日本の重要な国策のひとつだった攘夷を経て開国に至った内在的な法則をつかんでいない。そういうことで本当に日本の近現代史を語れるのだろうかと思って、ちょっとショックを受けました。

そこで今回は、幕末の攘夷論についてお話ししたいと思ったんです。そもそも本格的な攘夷論というのは、徳川幕府が開国して以来、外国とのあいだに不平等条約が次々と結ばれたところから始まったわけですね。それに対して、攘夷派は外国との貿易を認めないどころか、異人を見たら殺してしまえというぐらいのものだった。

小林 イギリス公使が観光旅行で富士山に登ったり、神社仏閣に勝手に入ったりしたと聞いた侍たちは、「神州を汚すのは許せん」といって、斬りたくて斬りたくてムラムラしてたらしいですよね。それって、普通の感覚だと思うけど。

堀辺 そうですね。世間の知識人は、そういう感情や情緒を理性や論理よりも一段低いものと見なす傾向があるので、そういう感覚を野蛮なものだと考える。でも本当は、小林さんもよくおっしゃっているとおり、論理の前提となる情緒というものが大切なんです。たしかに「異人を見たら斬り殺せ」というのは、その表面だけ見れば野蛮な印象がありますよね。しかし、そういう感情的な異人嫌いがなぜ発生したのかということを考えなければ、歴史の真実は見えてこない。決して、日本人がそれ以前から排外主義的だったわけではありません。たとえば織田信長の時代は、武士も民衆もポルトガル人やイスパニア（スペイン）人を意外に歓迎しているんです。

小林　信長なんか、イエズス会の宣教師が奴隷として連れてきた黒人を家来にしたぐらいだしね。

開国の前に「攘夷の一戦」を

堀辺　では、なぜ幕末の人々は異人を歓迎できなかったのか。理由は簡単で、当時の人々は、インドに対するイギリスの圧政やアヘン戦争[*1]といった国際情勢をすでに知っていたんですね。だから異人が自分たちの国に来たら、どうせろくなことはしないと思っていた。実際、砲艦外交で無理やり開国させられて、不平等条約[*2]を結んでみたら、案の定、庶民の生活は極端に苦しくなりました。米の値段なんか、貿易を始めてから3倍ぐらいに上がっているんです。だから、攘夷論は庶民たちにも支持されたんですね。

ただ、大衆の攘夷論が物価高や生活苦への反発から生まれたのに対して、先覚的な思想家たち

＊1…1840年、アヘンの密輸を禁じた中国の清に対してイギリスが仕掛けた戦争。敗れた清は香港の割譲の他、多額の賠償金を支払った。治外法権を認め、関税自主権がないなどの内容を含んだ不平等条約を結ばされた。

＊2…下田と箱館を開港し事実上、鎖国体制の終焉となった日米和親条約、日本側に関税自主権がなく、治外法権も認めた日米修好通商条約を締結させられた。

は、左翼的な言葉で言えば「植民地解放運動」のようなものを考えていました。たとえば坂本龍馬と一緒に暗殺されてしまった中岡慎太郎[*3]は、「鎖国攘夷というのは日本独特のものではない。アメリカは重税を課すイギリスに対して鎖国をし、攘夷戦争を仕掛けたことで独立を達成した。攘夷とは主体性を持って国の独立を保つということである」ということを言っています。佐久間象山《しょうざん》[*4]、吉田松陰、横井小楠《しょうなん》[*5]なども、ほぼ中岡と同じ考えでした。吉田松陰は「開国が悪いのではない。簡単に開国をして幕府が日本の主体性を放棄するのがいけない」と言っています。すなわち、開国の前に「攘夷の一戦」をやることによって、アメリカのように独立できるということです。

小林　黒船がやってきたとき、吉田松陰は世界の現実を知るために密航を企てた。それだけでも凄いけど、その強大な黒船を見ながら「この国と一度は戦わなければならない」と言ったのは本当に先見の明がある。

堀辺　そうですね。ただし、吉田松陰は佐久間象山の弟子ですが、この二人の開国論には多少ニュアンスの違いがありました。佐久間象山は「東洋の道徳、西洋の芸術（文明）」を主張した人物で、その開国論は西洋に圧倒されたものなんですね。それに対して松陰の開国論は、攘夷や自

＊3…土佐藩出身の幕末の志士。脱藩して長州に入り坂本龍馬が海援隊を組織すると、陸援隊を組織。薩長同盟を実現させて討幕運動を展開した。

＊4…信州松代藩出身の兵法家、思想家。朱子学、兵学を学び、吉田松陰や勝海舟、坂本龍馬など幕末維新に活躍する多くの志士を教育した。

＊5…熊本藩士、儒家。鎖国・幕藩体制を批判し、「国是三論」では開国通商、殖産興業、富国強兵を主張した。

主独立のための開国。そういう本当の攘夷論を理解すれば、小林さんの「ポチ保守」批判も当然のものとして納得できるはずなんですよ。強い者についていけばいいという当時の幕府の事大主義は、今の親米保守派とまったく同じなんです。「ひたすらアングロサクソンに従っていればいい」「アメリカは世界の覇権を握っているから、不満があっても我慢しよう」「日本の生存と安全のためには、核の傘を借りて、アメリカの不正にも目をつぶって協力しなくちゃいけない」――これは、江戸幕府の開国論とほとんど変わらない。

*6…幕末の長州藩士。松下村塾門下生として学ぶ。奇兵隊を組織し、馬関戦争を戦った。

*7…下関戦争とも言う。尊皇攘夷の戦端として長州藩が起こした。米商船を攻撃した長州藩に対して米英仏蘭の連合軍が反撃し、下関砲台は3日間で占拠された。

彦島の「香港化」を防いだ高杉晋作の交渉力

小林　安政5（1858）年の日米修好通商条約のとき、交渉でそれを阻止することはできたと思われますか？

堀辺　できたと思いますね。たとえば高杉晋作[*6]が馬関戦争[*7]（元治元年＝1864年）で敗北した後、変名を使ってイギリスとの交渉の場に出て行ったんですよ。向こうは下関の彦島を租借して香港化を狙っていた。しかし高杉は傲慢な態度で相手の船に乗り込み、「彦島は神とゆかりが深い島なので、これを譲れば何が起こるかわからない」という事情を、何時間もかけてくどくどと説明したんです。話は長いわ、わけのわからない神様の名前は次々と出てくるわで、向こうも疲労困憊《こんぱい》したんでしょう（笑）。「もう彦島のことはいいから賠償金の話をしよう」ということになったんです。当時の日本には、それぐらいの外交力を持った人物がいたということです。高杉の場合は本来が攘夷派ですから、たとえ猫の額ほどの領土であっても、この神州を西洋の夷《い》狄《てき》に軍事占領させたりはしないという魂を持っていた。その迫力があったからこそ、彦島の香港化を阻止することができたんですよ。もし高杉がそこで未熟な外交を展開していたら、彦島はイギリスによる日本占領の足がかりになっていたでしょう。

小林　高杉晋作は、馬関戦争のときに剃髪して隠居しちゃったんですよね。あれがまた巧妙なんだ。直情型の久坂玄瑞[*8]とは対照的に、まっすぐ戦っても勝てないことを知ってるんですよ。

堀辺　吉田松陰の門下は、みんな知ってましたね。だから、戦争をする一方で井上馨[*9]や伊藤博文[*10]をイギリスに留学させたりしている。久坂玄瑞にしても、その実は、師・松陰と同様に開国と攘夷の巧妙な戦略はわかっていた。清朝やインドやベトナムのようにはなりたくない。そのためには何が必要かというと、主体性の獲得でした。主体性のない幕府の開国論ではダメだから、そ

＊8…幕末の長州藩士で松下村塾に学ぶ。英国公使館焼き討ち、外国船砲撃など「行動派」として知られる。

＊9…幕末、明治期の長州藩士。明治政府では外務大臣を務めて、不平等条約の改正交渉などを行なう。外国賓客をもてなすために鹿鳴館を建設した。

＊10…明治政府の初代内閣総理大臣などを歴任。韓国統監府初代統監を務めた際、韓国の独立運動家、安重根に暗殺される。

こに攘夷論をぶつけたんですね。安易な開国論に反対するための政治スローガンとして、攘夷論を利用した面もあるわけです。

小林　高杉晋作にしても、そもそもはイギリス公使館の焼き討ちから始まってますよね。

堀辺　あれは幕府を困らせるための行動でした。主体性を持っていない幕府が日本の統一政権として諸外国に認められてしまうと、清朝やインドのように、相手の思うがままに毛を刈り取られる羊のような国になってしまう。というのも、たとえば最後の将軍となった徳川慶喜の開国論というのは、将軍家を残して大名の列藩会議を開き、封建制度には手をつけないというものでした。しかし、封建制度を残したまま開国すれば、清朝のように外国の資本と封建勢力が結託し、結局は日本の民衆を圧迫することにしかならない。そういう見通しが、当時の尊皇攘夷派にはあったということです。

つまり攘夷派は、幕府の開国は「亡国の開国」だと考えたからこそ、それに反対した。それとは違う開国、つまり攘夷の一戦を経た「興国の開国」を狙っていたわけです。事実、長州は下関で攘夷を敢行して（馬関戦争）、報復を食らっている。アメリカ、イギリス、オランダ、フランスの4か国連合艦隊から砲撃を受けたわけです。

「亡国の開国」を防いだ観念と直情

小林　伊藤博文と井上馨が英国留学中、馬関戦争が始まるのを新聞で知るんですよね。それで二人とも慌てて帰国して、戦争を止めようとする。

堀辺　しかし時間切れで、戦端が開かれてしまった。でも結果的には、その停戦がならなかったことで、日本は救われたんですね。

小林　彼らは近代化されたロンドンで蒸気機関車がドカドカ走ってるのを見ているから、「これは勝てない」と悟ったはずですよ。でも日本にいる連中は、それがわからないから戦争することができた。わかっていたら、戦争なんかできないでしょ。

堀辺　すると戦わずに敗北して、幕府と同じ亡国の開国論になってしまう。

小林　現実論に走ることなく、観念だけで戦いを挑んだのが良かったんですね。今イラクでやっているテロも長州の攘夷戦みたいなものだけど、ああいう観念論者には、わしは敬意を持ちますよ。尊攘の挙兵をした久坂玄瑞も、直情的に最後まで攘夷論者を貫いたからアホだ、と単純には思えない。
堀辺　ああいう人たちがいなければ、近代日本は生まれていなかったでしょうね。
小林　さらに言うなら、幕府側について戦った会津藩なども決してアホだとは思わない。
堀辺　ええ。戦略や方向性の違いはあっても、根っこの部分では、彼らにも日本という国を守る強い意志がありました。徳川慶喜にしても、戊辰戦争のときにフランスが「応援するからもう一度やり直せ」と持ちかけたときに、その申し出を断っている。それをやれば日本がメチャクチャになって、外国の侵入を許してしまうということをよく理解していたんですね。日本全体のことを考えて、徳川家は退いたわけです。
小林　幕末を語るときは、そのあたりのこともきちんと言っておかなければいけない。近代国家を作り上げた倒幕側だけが立派な人たちで、幕藩体制を守ろうとした側は時代遅れの愚か者だったという語り方をする人が多いから。
堀辺　たしかに、そういう歴史観の持ち主が多いですね。結果だけを見て、歴史の勝利者だけが英雄で、敗者側はくだらないことしかやらなかったとしか見ないのは、学問ではありません。歴史には常に光と影があって、その両者がいなければ時代は進展しない。単純な善玉・悪玉論だけでは、先人たちへの敬愛の情は生まれてこないと思います。

小林　司馬史観の影響が大きいんでしょうけどね。とにかく近代化を達成したことだけを高く評価する。すると、たとえ倒幕側であっても、直情型の攘夷論者を侮《あなど》ることになってしまうんです。

日本近代史の運命を決めた元治元年

堀辺　ともあれ、その直情型の攘夷論者たちも、元治元年に馬関戦争で敗北したことで、西洋というものを身をもって知りました。そのとき、清水清太郎という長州藩の若い家老が、井上馨に言うんですよ。「私は開国論に反対だったが、この戦争でわかった。攘夷は私の腹の中に今後50年間収めた上で、君たちの開国に賛成する」と。ゴリゴリの攘夷論では独立は果たせない。開国して西洋文明を取り入れ、力をつけたときに初めて真の独立と攘夷が実現できる――という考え方がはっきり決まったのが、この馬関戦争に敗れた日なんです。

ちなみに、この攘夷の実現というのは、日本の独立だけを意味しているわけではありません。

たとえば西郷隆盛の殿様であり師であった島津斉彬《しまづなりあきら》などは、当時の国際情勢をしっかりと把握していたので、日本が独立を保つためにはある種の「東亜連盟」が必要だと考えていました。つまりアジア諸国との連携ですね。日本の独立は、一国だけでは難しい。しかし、朝鮮、支那、日本が三国同盟を結んで戦えば、西洋の列強に互して独立を全うすることができる。ところが、支那と朝鮮が今のままでは戦えない。まずはこの2国を目覚めさせ、近代化しなければいけない。その後に同盟を結んで戦えば、イギリスだろうとロシアだろうと対抗する道は生まれるだろう。だから、いずれは出撃して清朝と戦争しなければならないけれど、その目的は侵略ではない。ちょうど馬関戦争の敗北によって頑固な攘夷論者が未来を展望した「開国→攘夷」論に変わったように、支那と朝鮮を目覚めさせることが目的なんです。そこまで先を見据えていた。

小林　今は中国も韓国も、反日を主張した人物だけを歴史上の英雄にしているけれど、それは日本が攘夷論者だけを英雄視して、開国論者を売国奴みたいに扱うのと同じということですよね。でも、当時の支那や朝鮮には「ここで開国が必要だ」と言った人間はいなかったのか。日本にはそれがいたし、われわれはそれを評価している。

堀辺　そういうことですね。そして、その開国論は攘夷の一戦があったからこそ広まった。長州藩が馬関戦争に負けたという情報は、日本全国に衝撃を与えたわけです。3日もすれば、松前藩にまで伝わっている。それで、いかに西洋の軍事力が凄まじいものかということを知って、さすがの感情的攘夷派たちも、長州藩の若き家老と同じような考えになったんですね。そこで初めて、高杉晋作や吉田松陰が考えていた国家戦略的な攘夷論、あるいは中岡慎太郎のような独立解放戦争のための攘夷論というものが、世論の大勢となった。

小林　そして、吉田松陰の言う「攘夷の一戦」に敗れた薩摩と長州から開国が始まり、武器の導入が始まった。それを幕府は恐れたわけですよね。武力を増強した薩摩や長州が、イギリスと同盟を結んで自分たちに向かってくるかもしれないという可能性を、幕府も薄々感じていたわけでしょう？

堀辺　だからこそ、馬関戦争で長州が敗れた後に、今が潰すチャンスだということで、第一次長州征伐が起きるわけです。ここで長州は関が原以来の伝統的な藩論である「武備恭順」を転換して、「謝罪恭順」という藩論を決定する。高杉たち攘夷派は藩から追われ、俗論派が政権を取っていたんです。俗論派というのは、主体性を持たない幕府と同じような人間たちのこと。最初から戦う意欲がなくて、すべて幕府の言いなりになることで戦争を回避しようとした。

小林　わしが「ポチ保守（親米保守）」と呼んでいる連中と同じだ。反米というのは攘夷のことですからね。

堀辺　まさに今の日本もアメリカに対して謝罪恭順をやろうとしていますね。安倍前首相が慰[*11]安婦問題で謝罪してしまったのがその象徴でしょう。しかし当時の長州にも、ポチ保守に立ち向かう小林さんのような人がいました。藩論が謝罪恭順に決まったとき、高杉がキレて俗論派に戦いを挑むんです。最初はわずか80名程度の力士隊という民兵を率いて決起したんですが、やがて奇兵隊総督の山県有朋《やまがたありとも》もそちらが優勢と見て参戦した。それで謝罪恭順派を一掃して、武備恭順を明確に宣言したんです。

　その結果、第二次長州征伐が迫ってくる前に、すでに下関港は実質的に開港されていました。そこから、先ほど名前が出たグラバーなどの武器がどんどん入ってくる。慶応2（1866）年の時点で、長州藩の鉄砲保有量は日本一になっています。洋式銃が2万数千丁、洋式砲は221門。数か月のあいだに、高杉の武備恭順路線にしたがって日本最強の陸軍力を形成してしまったんです。洋式軍隊の最新鋭武器を揃えただけではありません。靖国神社に銅像が建っている村[*12]田蔵六（のちの大村益次郎）の手によって、長州兵には洋式兵学が叩き込まれていました。奇兵

＊11…日本軍が「従軍慰安婦」という「性奴隷制度」を敷いていたことを非難する決議案の採択が平成19（2007）年春頃から米国下院議会で動き始め、安倍首相は同年5月に訪米した際、慰安婦問題について謝罪した。にもかかわらず、下院では同年7月に「慰安婦非難決議」が採択された。

＊12…幕末から明治初期に活躍し、日本陸軍の創始者とも言われる。

隊の規模をさらに拡大して、早くも明治の国民軍と同じような身分制にとらわれない軍隊を作っていた。だからこそ、35万もの兵力を動員して長州を四方から攻めた幕府軍を追い払うことができたんですね。武備恭順という政策が見事に実を結んだわけです。ただし、彼らは決して倒幕だけを目的に武力を増強したわけではありません。

小林　うん。そこが大事なところですよね。

堀辺　高杉の頭の中では、開国によって西洋の文明を取り入れることで幕府を倒し、いずれは日本を侵略する外国を攘夷することまで描かれていました。開国→武備恭順→攘夷というホップ・ステップ・ジャンプの三段階で、近代日本を形成する。そういう長期的な日本の国策を決定づけたという意味で、馬関戦争はきわめて重要な時代の節目でした。

大東亜戦争を理解するための〝三つ巴〟の構造

小林　そして、そこで生まれた攘夷の感覚が、日清・日露戦争はもちろん、その後の大東亜戦争のときまでは残っていた。

堀辺　日露戦争の後、アメリカが白船艦隊を寄港させて脅迫したとき、日本は敵意を見せずに友好親善の大セレモニーを展開しましたよね。あの時点では、まだ攘夷ができるほどの武備が完成していないという為政者の思いがあった。しかし大東亜戦争のときは、勝てる見通しはなかったけれど、散々いじめられていたので……。

小林　ちょっとフライング気味だけど、ジャンプするしかなかった。

堀辺　そうしたら、真珠湾攻撃で大戦果でしょ。だから国民は溜飲を下げたんですよ。あのとき知識人が書いた文献を読むと、みんな「よくやった」と言ってます。

小林　高村光太郎[*13]みたいな詩人さえ「霧が晴れた」と言ってるぐらいですからね。

堀辺　当時、東条英機はまだアメリカと戦うほどの武備は整っていないと考えていたし、昭和天皇も国際情勢をよく知っていた。だから、「まだジャンプはすべきではない」ということで、東条内閣が誕生したわけです。ところが東条首相のところには、全国民から「おまえは弱虫だ」「いい加減に戦争をしろ」という手紙がたくさん届いたそうですね。多くの国民が、幕末以来、日本がアメリカに不平等条約を押しつけられたり、アジアやアフリカ諸国が侵略されてきたことへの鬱憤《うっぷん》を抱えていたということでしょう。

＊13…日本の真珠湾攻撃をこう詠んだ。「記憶せよ、十二月八日。この日世界の歴史あらたまる。アングロサクソンの主権、この日東亜の陸と海に否定さる（略）世界の歴史を両断する十二月八日を記憶せよ」。

同様に、大東亜戦争で現実に戦った兵士や将校の中には、日本の独立自衛のためだけではなく、アジア解放という使命感に燃えていた人たちも大勢いましたが、その背景にも、「ようやく攘夷を決行できるようになったぞ」という喜びがあったのは間違いないでしょう。「まだ早い」という慎重論と、「もう我慢できない」という大衆世論、そして「今こそ攘夷を敢行して西洋を押し返すべし」という軍人の使命感。攘夷という政策を中心にした三つ巴の構造があったということを知っておかなければ、あの戦争を理解することはできません。

小林　ところが、そういう攘夷の感覚が、大東亜戦争の後にすっかり消えてしまった。これが一番の問題なんだよな。わしは、いますぐアメリカと戦争をしろと言ってるわけじゃない。いつか攘夷を敢行してやるという覚悟を日本人が持っていれば、それでいいと思う。ところが今は、アメリカが日本の頭越しに北朝鮮と交渉して結果的に核保有を許し、拉致問題も立ち消え状態になり、さらには慰安婦問題で謝罪までさせられているのに、ほとんどの日本人が腹も立てていない。「アメリカの野郎、ふざけやがって。日米同盟だというからアフガンでもイラクでも言われるままに協力してやったのに、裏切りやがって」と思ってる日本人がどれだけいるのか。

堀辺　国民のあいだに、幕末の攘夷派のような情緒的怒りがまったくない。そこに、亡国の兆しを深く感じざるを得ません。

小林　慰安婦問題でも、安倍前首相が「狭義の強制性はないが広義の強制性はあった」とか何とかややこしいことを言っているあいだに、アメリカでは、戦前の日本には制度としての性奴隷が存在したということにされてしまった。

堀辺　自国の歴史解釈をきっぱりと主張できないようでは、そもそも一国の総理としての資格がないですよ。他国が勝手に押しつけてきた解釈の土俵でしか論議できないということでは、はっきり言って井伊直弼と同じ。井伊直弼という大老は、最初からアメリカが提案してきた条約の枠組みに入ってしまって、何も自分の主張をしないまま安政の条約（日米修好通商条約）を結んでしまったんです。唯々諾々とアメリカの条件を受け入れ、その不平等の解消のために日本が明治44（1911）年まで苦しむような条約を結んでしまった。今の日本の政治指導者も、井伊直弼の無定見な開国論と同じ過ちを犯そうとしているようにしか見えません。この日本という国を自分たちでどうデザインしていくのかというビジョンはまったく持たず、ただひたすらアメリカに従っていればいいというんですからね。アメリカの年次改革要望書[*14]を素直に受け取る姿なんか、まったくもって井伊直弼とダブりますよ。

＊14…毎年、アメリカから日本へ突きつけられる規制緩和に関する要望書。郵政民営化のようにあらゆる分野において競争原理、民営化の導入を働きかけており、日本への「内政干渉システム」とも呼ばれている。

小林　国民の側に、それこそ生麦事件[*15]を起こして薩英戦争[*16]の原因を作った薩摩藩士ぐらいの直情があればいいんですけどねぇ。生麦事件でイギリス人を斬りつけた薩摩藩士が50年後ぐらいにインタビューを受けたのを読んだら、「前々からいっぺん異人を斬ってみたいと思っていて、絶好のチャンスが来たから斬ってみた」とか言ってるんですよ。それが原因でイギリスと戦争になったのに、何も反省してない（笑）。でも、その情緒が大切なのよ。

「ハラキリ」を世界に知らしめた日

堀辺　そういうエネルギーが歴史を作っているんです。その情緒がなければ、攘夷論も誕生しない。日本の独立もなかった。最初は感情的なものですよ。ただし感情だけでは人を説得できなくなるから、最後はその情緒に基づいた理性的な政策が作られて、万人に認められるようになる。今の政策だって、その出発点は感情でしょう。たとえば北朝鮮の拉致問題にしても、「同胞が拉致されたのはとんでもない」という感情がなければどうしようもないですよね。

小林　たとえばサウジアラビアに米軍が入って、女の兵隊が肌を見せて聖地を歩いたり、ミニス

＊15…江戸末期の文久2（1862）年に、薩摩藩の行列が神奈川県の生麦付近を通りかかったところ、イギリス人4人が馬を下りなかったためこれに激高した藩士の一部が斬りかかり、ひとりが死亡した。

＊16…文久3（1863）年、生麦事件の解決を迫るイギリスと薩摩藩の間で起こった戦争。最終的には薩摩藩が生麦事件の賠償金をイギリスに払うことで決着した。

カートでモスクに入ったりしていたら、ビンラディンたちが「こいつらを斬りたい」と思うのは当たり前でしょ？　堺事件なんか、それと同じこと。まだ開港もしていないのに、フランスの水兵が無許可で勝手に上陸して、神社仏閣の中で騒いでいた。「やめろ」と注意しても、ピーピー口笛なんか吹いて踊りながら日本人をからかったわけ。それで、土佐藩の連中が11人も射殺してしまった。

堀辺　森鷗外に『堺事件』という作品がありますよね。慶応4（1868）年、戊辰戦争が始まったばかりの頃の話です。自分の家来がフランス人を殺してしまったので、土佐藩藩主の山内容堂は、ここでモメるとまたフランスが幕府にテコ入れすることになるのではないかと心配した。それで、事件を起こした藩士たちに「悪いが国のために死んでくれ。その代わりあいつらに殺させるのではなく、武士として切腹させるから」ということになったわけです。それで、11人の土佐藩士が次々に切腹するんですよ。

小林　フランス人の見てる前で、ずらーっと並んで順番に切腹。

堀辺　自分でかっさばいた腹から腸をつかみ出して、フランス人に投げつける奴もいたんですよね。介錯人がうまく首を斬り落とせなくて、斬られた侍が腹に短刀を突っ込んだまま「いかがされた、お静かにお静かに」と落ち着かせたりして、もう大変な修羅場。フランス公使なんかガタガタ震えて。

小林 気持ち悪くなって、吐く奴もいた。

堀辺 それで結局、フランス公使は11人目が切腹したところで退席しちゃうんですよ。土佐藩の奴が追いかけていって、「まだ終わってません。お戻りください」と言ったんだけど（笑）、「もういい、あとは許してやれ」ということになった。この一件がヨーロッパの新聞で報じられて、そこから日本の「ハラキリ」が世界に知れ渡ったわけです。

小林 強大な力に対して、腸を投げつけてでも自分たちの魂を残そうとした人間が、当時の日本にはいたんですけどね。

武士道と騎士道の出会い

堀辺 そこで切腹した武士の中には、こんな人間もいます。腹を切る前に、「自分は人間に魂魄《こんぱく》というものが存在するのかどうか日頃から疑問に思っていた。もし切腹して、自分が前に倒れたら、魂がない男だったと思ってくれ」と言ったんですね。で、その侍が腹を切ったときも介錯人が失敗して何度かやり直したんですが、やっと首を切り落としたら、本人の願いどおり、上体が前に倒れずそのまま立っていた。

小林　魂魄の実在を死して証明したわけだ。

堀辺　その武士の遺書には、「七度生まれ変わって世のために尽くす」と書かれていたといいます。これこそが武士道でしょう。最初に紹介した田原さんの本には大きな文字で、明治維新の際に「『武士道』なんてなかった」などと書いてありますが（笑）、この堺事件などを見れば、武士道がなかったなんて言えるわけがない。薩英戦争と馬関戦争の後、イギリス人は「自分の国と同じ素質を持った者に、アジアで初めて出会った」と感じたそうです。ヨーロッパの騎士道は封建制度の中で成立したものですが、アジア諸国は専制国家だから封建制度がなかった。日本にだけ封建制度があって、そこには武士道が存在したわけです。イギリスの東洋艦隊司令長官は馬関戦争後、本国に「全東洋艦隊をもってしても長州を占領することは不可能である」という報告書を送りました。つまり、下関の砲台は占領できても、長州全体を香港のように植民地化するのは不可能だと考えたわけです。本国もそれを受けて、日本ではイギリス人の生命と財産が危うくなったときだけ防衛の手段として軍事力を行使すると決めた。薩英戦争と馬関戦争によって、西洋は軍事占領を諦めたんです。「攘夷の一戦をやったならば、主体的な日本を作れる」という吉田松陰以来の攘夷論は、その意味でも正しかった。相手の認識を変えて、日本独立のきっかけを作る戦争になったんですよ。

小林　昔の人は偉いですよ。今の親米保守は何かというと「日米同盟だから」としか言わないんだからね。産経新聞なんか、慰安婦問題は中国が日米を離反させるための策略だという言い方をしていた。アメリカ様は日本を裏切っているわけではなく、中国に騙されちゃっただけだと言って、憎悪の矛先をアメリカには向けないわけ。

堀辺　アメリカの海外政策の最大の狙いは、昔から一貫して中国市場なんですよ。日露戦争を境に反日になったのも、中国を独占できなくなるからです。今もそれは変わっていませんから、場合によってはアメリカと中国が日本の頭越しに仲良くなって、日本は捨てられる。そのとき、アメリカの軍事体制に組み込まれた自衛隊が「武備」を失っていたら、恐ろしいですよ。私はそれを一番危惧しますね。

武士ズム【第七章】

あえて言う。「相撲の歴史」は「八百長の歴史」である

今なぜ『平成攘夷論』なのか

小林　わしの『平成攘夷論』という本は、この対談で堀辺さんからうかがったお話がヒントになっています。以前から、いかに反日ナショナリズムを打破するかということを考えていたんですが、今のような状況になってしまったら、もう攘夷しかない。というのも、もともと安倍前首相は「つくる会」[*1]の教科書運動にも理解を示していたような人物だから、かなり期待していたんですね。ところが首相になったら、中国に媚びを売るために靖国参拝を明言せず、慰安婦問題ではアメリカに行って「首相として心から同情しているし、申し訳ない思いだ」と発言して、「責任を認めている」みたいな言い方までしてしまった。あれが、たとえば山崎拓あたりが首相になってやったことなら、みんなが怒って、むしろ国内のナショナリズムは沸騰していたでしょう。ところが、「保守」の側から突破口として期待されていた安倍でさえ、アメリカから文句が出たら謝罪恭順になってしまうことがわかったわけです。

堀辺　彼こそがそういう道を切り開いてくれると思っていたのに、期待を裏切られた。

＊1…新しい歴史教科書をつくる会。いわゆる自虐史観から脱した歴史教科書である「新しい歴史教科書」の採択を広めるための運動を行なう。小林氏は平成14（2002）年に脱会。

小林　しかも、あんなふうにポッキリと折れて辞職してしまったじゃないですか。それで、今までナショナリズムや愛国心で盛り上がっていた人たちは呆気にとられてバカバカしくなってしまったんです。ナショナリズムによって戦後の閉塞感を打ち破れるという希望を感じていた若い人たちも、これでは、ニヒリズムに陥ってしまう。この状況は非常にマズいと思ったんですね。

堀辺　それで平成の攘夷を論じたんですね。

小林　今までは左翼も保守も、「健全なナショナリズムはいいが、排外的なナショナリズムはダメ」とか、「愛郷心はいいけど愛国心はダメ」とか、どこか及び腰のナショナリズムになっていました。でも、日本が近代国家に生まれ変わったときに生まれたナショナリズムというのは、排外的とも言える攘夷から始まったわけですよね。

堀辺　なぜ幕末の武士たちが攘夷をやれたかというと、彼らが自分たちを辱《はずかし》めるものに対して敏感だったからです。ところが、現在の日本で「日本の伝統」とか「武士道」とか口にする保守派の連中は、この「恥に耐えられない」という心性を持っていない。だから、強いアメリカにだけは追従するという選択ができるんです。アメリカに年次改革要望書を突きつけられたり、アメリカだけの都合で基地をグアムの方に移転して、その費用は日本が持ちなさいと言われたりしても、恥ずかしいとも何とも思わない。
「従軍慰安婦」の問題も、小林さんが一生懸命に「そういう事実はなかった」ということを主張したこともあって、ようやく国内に正しい歴史認識が広がりつつあったのに、アメリカの下院で決議されると政府が及び腰になってしまう。

小林　保守派の連中は、中国や韓国から何か言われたときには、いかにも「恥に耐えられない」という反応を示すわけですよ。ところがアメリカに言われたら、恥に耐える（笑）。

堀辺　中国や韓国なら、怒りの矛先を向けても自分たちの安全が脅かされる心配がないという読みがあるわけですね。しかしアメリカに怒りを表明して日米同盟に傷をつけてしまったら、日本の繁栄はすべて終わってしまうと怯《おび》えている。でも、これは伝統を尊重する保守派とは言い難い恥の感じ方です。そもそも武士というのは、単なる利害ではなく、自分の信じる正義や名誉を守ることに重きを置いて、最終的な行動を選択するんですね。ところが日本の保守は、一方では武士道だ何だとそれらしいことを言いながら、現実には「強いアメリカにだけはついていきましょう」という選択をしている。こんなものは、偽物の侍にすぎません。本来の侍の精神にはまったく立脚していない。

小林　相手を選んで、勝てそうなときだけ侍のフリをするんだから、みっともない話ですよ。

論壇誌、ワーキングプア特集の姑息

堀辺　それに対して、小林さんは昔から辱めを受けることに対して、ものすごく敏感ですよね。一連の行動は、明らかに武士の感性に基づくものだと思いますよ。ところが、たとえば『論座』平成19（2007）年7月号にしても、そういう小林さんを「右翼」呼ばわりする。この特集は、明らかに小林さんの名前で売ろうとしていながら、最後まで読むと小林さん批判をしたがっているのが見え見えですよね。

小林　取材を申し込まれた時点では、こんな特集になるとは思っていなかったんですよ。最初は、ネットカフェ難民には『戦争論』の影響を受けた若者が多いから、その実態を見た上で感想を聞きたいという話だったんです。それで、*2雨宮《あまみや》処凛《かりん》と担当編集者に連れられて、ネットカフェに行ったわけ。わしとしては、まともな働き口も得られなくて、そこに寝泊まりしている若者たちを助けるような意見を言おうと思っていたんですよ。ところがインタビューでは『戦争論』の

*2…新自由主義下での非正規雇用者や失業者といった「プレカリアート」をテーマに執筆。著書にワーキングプアの実態を描いた『生きさせろ！』。

ことばかり聞かれて、「ナショナリズムを掻き立てることで若者が右傾化したことに責任を感じているか」という話になってしまった。

堀辺　そういう取材意図があるなら最初からそう言えばいい。まさに騙し討ちですよね。

小林　インタビューの中で、『論座』の編集者から「日本のエートス[*3]とは何か」と訊かれたんですよ。だからわしは、「たとえばトラスト（信頼）というものがある」と答えたんです。それこそ、わしが『論座』の招きに応じてインタビューを受けているのも、細かい内容を取り決めた契約書を交わしてやっているわけではない。「搾取されている若者を助けたい」という『論座』側の義侠心を信用したからこそ、約束した時間に指定された場所に足を運んで、話をしている。そういう信頼関係も、日本人同士だからこそ成立することでしょう——という話をしたにもかかわらず、彼らは姑息に話をすり替えるわけ。

堀辺　格差にあえいでいる若者たちが、『戦争論』のせいで戦争待望論を語るようになったと言いたいわけですね。いっそ戦争が起こってくれれば、世の中がリセットされて、この状況を逆転できるようになる、と。

小林　雇用状況が流動化して、自分たちも働き口が見つかるかもしれないとか、そんなことを期

＊3…ある民族や集団における慣習や倫理や道徳。

待している奴はたしかにいるんでしょう。「丸山眞男をひっぱたきたい」[*4]とか何とか言った奴もいる。軍隊に入れば、丸山眞男のような知識人、エリートも自分も平等な立場になるから、戦争が起こればいいというわけ。昔は搾取される労働者が「左」に行くのが定番だったのに、今はそうやって「右」に行く若者が出てきた。『論座』としては、「そんなことになったのは小林のせいだ」と言いたいわけですよ(笑)。

堀辺　この特集では、そうやって『戦争論』を悪者扱いした記事の次に、雨宮処凛さんの記事がありますよね。雨宮さんは、迷っていた自分に小林さんの『戦争論』が方向性を与えてくれたおかげで、生き返ることができたという話をしています。歴史観を持って、自分の意見を言えるようになった、と。

小林　歴史観を持つところにまで至っているかどうかは、わからないけどね。

堀辺　まあ、本人はそれらしきことを言っているわけです。そこまでは、小林さんを称賛しているように見える。でも、それだけでは終わっていないんですね。しかし自分はもう『戦争論』は卒業して、別な世界に入っている、ということが言いたいんです。

小林　彼女はもともと右翼団体にいたのに、『戦争論』を「卒業」した結果、今は左翼のほうに

*4…31歳フリーターの赤木智弘氏が『論座』平成19(2007)年1月号に発表し話題を呼んだ。経済成長を謳歌した世代とポストバブル世代ではワーキングプアと一括りにされるが実は大きな差異がある、戦争があれば社会は流動化すると書いた。

行っている。つまり、「もう『戦争論』なんか古いですよ。今は左になるのが正しい若者の生き方ですよ」というモデルケースにされちゃってるんですよ。

堀辺　さらに、それに続く最後の記事では、中島岳志[*5]という学者を起用して権威づけを行なっています。保守・右翼・革新政党・市民運動を四象限に区別して定義した上で、小林よしのりは「右翼」に当てはまるという結論を下していますね。

小林　本物の右翼団体の人たちが読んだら怒ると思いますけどね（笑）。

堀辺　ただ、ここで示されている右翼の定義自体は必ずしも間違ってはいないんですよ。天皇の下に国民はすべて平等であるという「一君万民」の理想を掲げ、天皇の大御心《おおみこころ》に添い奉らない格差や特権があれば、民衆の側に立って政府を批判する。それが右翼だというのが、この中島という学者の定義です。西郷隆盛然り、自由民権運動然り、頭山満[*6]の玄洋社もまた然り。それを右翼と呼ぶなら、エイズ問題や格差問題を弱者の側から糾弾している小林さんもそこに当てはまるでしょう。

　しかし、一般人が「右翼」という2文字を見たときに思い浮かべるのは、総会屋や暴力団のようなものなんですね。あるいは、誰かに雇われて街宣車を乗り回し、大声で怒鳴りながら市民運

＊5…北海道大学准教授。近著『パール判事』では「(小林よしのりが)『パール判決書』の一部を都合よく切り取り、『大東亜戦争肯定論』の主張につなげることは大きな問題がある」などと批判した。

＊6…明治に活躍した政治運動家。福岡に設立された玄洋社は政治結社であり、自由民権運動を行ない、不平等条約の改正に努めるほか、大アジア主義を掲げてアジア諸国の独立運動を支援した。

動や何かを蹴散らすイメージしかない。いずれにしても、あまり好ましい存在だとは思われていません。しかも大半の読者はまともに中身を読まず、「小林よしのりは右翼だ」という大見出ししか見ないので、ダーティなイメージだけが残る。この特集は、そういう仕組みになっているんです。

小林　そこまでちゃんと読んでくれる人は滅多にいませんよ。

「国士」という言葉の誕生

堀辺　たとえ『論座』をそこまで読み込まなかったとしても、実際に小林さんがやっていることを見れば、そういう「右翼」のイメージとはまったく違うものだということは一目瞭然です。小林さんは、常に民衆の側に立っている。慰安婦問題にしても、決して政府の側に立って発言しているわけではありません。今の時代に生きている人だけではなく、過去に生きた日本人やこれから生まれてくる日本人まで含めた庶民の側に立って、「性奴隷制度があったなどと認めるわけにはいかない」と主張されているわけです。それを「右翼」というレッテルを貼るだけで片づけるのは、やはり乱暴としか言いようがない。そもそも「右翼・左翼」というのは、革命後のフランスで生まれた概念です。それを頭山満や小林さんのような日本人に当てはめること自体に無理がありますよ。

小林　そうですよね。「右翼と左翼」というのは、フランスの人民公会堂の中で右側の席に座ってるか左側の席に座ってるかという話だから。

堀辺　それを、西洋かぶれの学徒が安易に舶来の概念を用いて説明しようとするところに、大きな間違いがある。

小林　それこそ、みんなが右翼団体だと思っている頭山満の玄洋社にしても、あれを日本を軍国主義に走らせた危険な団体だと規定したのは戦後のＧＨＱでしょ。でも玄洋社というのは、もともと自由民権運動をやり始めた団体ですからね。民権と国権を一体と考えて「国会を開設しろ」という運動を行ない、藩閥政治を打倒して、不平等条約を改正しろと主張した人たちのことを、どうして右翼と呼べるのか。

堀辺　頭山満の場合、名前の上に「国士」という言葉が冠されることが多いですよね。その本来の意味がすでに忘れられているんですが、実のところ、これは「藩士」との対比から生まれた言葉なんです。特定の殿様にだけ忠義を尽くす藩士に対して、国士は国家全体の運命を担っている。元長州藩士であっても、元薩摩藩士であっても、「国士」となったからには、殿様のためには働かない。日本という国のために行動するからこそ、「藩士」ではなく「国士」なんですよ。

小林　そうか！　じゃあ、わしも「国士」と呼ばれたほうがいいな。

堀辺　武士道というのは、決していつの時代も同じだったわけではありません。その時代背景や歴史性を無視して、武士道を進化論的に論じない人が多いのですが、たとえば源頼朝の時代の武士道と戦国時代の武士道は同じではないし、戦国時代と幕末の武士道にも違いがある。とくに幕末の武士道は特殊なものでした。それ以前と違って、脱藩することが重要だったんです。自分の藩の殿様に忠誠を尽くしていても日本全体の運命を変えることはできないので、国のために尽くす志のある武士は、脱藩した。実は、それによって生まれて、今でも日常的に使われている言葉があるんですよ。「君」「僕」という人称代名詞です。脱藩した者同士が会うときは、お互いに相手が「君主」で自分は「下僕」という関係性になった。だから、たとえば坂本龍馬と西郷隆盛が出会ったときも、お互いに「君」「僕」と呼び合っていたはずです。そうやって、藩という枠組みを越えた新しい武士が誕生しました。それが「国士」であって、こういう人間に「右翼」という言葉は馴染みません。小林さんのことも、「右か左か」という議論では規定できない。要するに民権と国権を一体と考える「国士」なんです。

小林　なるほどなぁ。いや〜、ちょっと照れますが、モヤモヤしていた頭の中がスッキリしましたよ。

従順な羊でなく狼として一発かます

堀辺　ですから「国士」というのは現代の侍なんですね。こういう人間は、あるときはいわゆる「右翼」のように振る舞い、あるときはいわゆる「左翼」のように振る舞う。なぜなら民権と国権は一体のものだからです。だから、民権を守るために国権を守らなければならないこともあるし、その逆もある。国権によって民権が抑圧されている場合には、民権の側に立つこともあるでしょう。そのバランスを取っていくのが、国士の立場です。小林さんの『平成攘夷論』も、まさに国士だからこそ出てくる発想でしょう。そもそもナショナリズムが頭をもたげるときというのは、そうならざるを得ない状況があるんですね。幕末がそうでした。黒船の中には、西洋文明というものが詰まってたわけです。社会制度や技術から生活習慣まで、ありとあらゆるものが黒船の中に詰まっていた。つまり西洋文明そのものが浦賀沖にやって来て、日本を開こうとしたわけです。それを幕府のように安易な形で受け入れてしまったら、日本が当時の清朝やインドのような主体性のない国になってしまう。そこで、日本はただの従順な羊ではなく、狼もいるから気をつけろと警告するために一発かまそうとしたのが、当時の攘夷だったわけです。人斬りにしろ、高杉晋作のイギリス公使館焼き討ちにしろ、決して愚かな行為ではなかった。そういうことをやっておかないと、開国した後に外国から尊敬されないんです。だから攘夷論が出てくるときには、必ずその後ろに開国論がある。今の日本も、年次改革要望書だのグローバリゼーションだのといった形で「第三の開国」を迫られているわけですから、幕末の攘夷から学ぶ必要があると考えるのは当然でしょう。

小林　うん。だから、まずはアメリカだろうと何だろうと、「夷狄《いてき》」として明確に意識しなきゃいけない。そういう意識を持たなければいけないときに、ナショナリズムが潰れてしまったら話にならないんですよ。

堀辺　ナショナリズムがあって、国民国家というものが誕生したわけですからね。開国を迫られ、日本の主体性や独立そのものが危機に瀕し、日本人らしさや国柄が消失しようとしている状況で、ナショナリズムと聞くたびにいちいち「排外主義だ」などと短絡的に批判してもしょうがない。そして、ナショナリズムによって新しい世の中を作ろうとする場合、その最大の敵は何か。ここで歴史に学ぶなら、「幕府」を倒さなければいけないということになります。では、今の世界における「幕府」は何かと言えば、それはアメリカ以外にない。世界中が、アメリカの言いなりになっているんです。グローバリゼーションというのは、要するに「アメリカ幕府」のルールに従えということですからね。この強大な「幕府」を倒さないかぎり、自主独立はあり得ない。

黄色人種の白人コンプレックス

小林　米西戦争[*7]後のフィリピンで米軍がものすごい大虐殺をやったんですが、今のフィリピンの教科書では「アメリカはわれわれに自由と民主主義を与えた」ということになっているんですよ。で、米軍がやった残酷なことは、その後の大東亜戦争の過程で全て日本軍がやったという話になってしまっている。なぜそうなるのかと考えてみると、黄色人種というのは、白人にやられ

＊7…1898年アメリカとスペインの間に起こった戦争で、この戦争によってフィリピンはスペインの植民地からアメリカの植民地になった。

たことについては諦められる。まさに「従順な羊」のように。中国でも、アメリカのことを「美国」と書くでしょ。手の届かない天高くにいる存在という感覚なんですよね。香港なんか最近までイギリスの植民地だったのに、それについては何も文句を言わない。欧米人に対しては、最初から自分たちが下だと認めてるわけ。ところが日本人は、ほんの少し上の手の届くところにいるから、かえって忌々《いまいま》しい。だからフィリピンでも、歴史を塗り替えて「白人は自由だけを与えてくれた」という話になってしまうんです。そりゃあ、たしかに支配者としての日本人には、横暴な憲兵もいただろうし、現地の人々を「未開な奴ら」だと見下した姿勢で教唆しようとした者もいただろうと思いますよ。欧米に支配された人たちを解放しようと思ったら、ある種の優越意識も必要だから。同じ肌の色をした人間にそういう態度で支配されたら、「生意気だ」とか「口惜しい」とか思うでしょう。それはフィリピンだけの話ではなく、朝鮮半島でも同じようなことがあるわけですよ。

堀辺　距離が近いだけに、余計にその思いは強いでしょうね。そもそも日本の文化や文明は朝鮮半島を通過して成立したものだという歴史的事実もありますし。

小林　さらに言えば、沖縄にもそれがあるんですよ。爆弾を雨あられと落として沖縄の人々を殺したのはアメリカなのに、すでに米軍がいないと自分たちの生活が成り立たなくなっている人も多いから、過去のことはすっかり忘れられている。

堀辺　そこには恨みの感情が行かないんですよ。

小林　そう。むしろアメリカ人は民主的で、黙って投降すれば捕虜として丁重に扱ってくれたという話になってしまうわけ。それにひきかえ、日本軍は住民を助けようとせず、挙げ句の果てに集団自決を強要されたとか、そういう言い方をするんですね。だから、今の沖縄は反米じゃないんです。親米で、反日。米軍がやった悪事もすべて日本軍のせいだったという話になってしまっている。身近な人間に対するコンプレックスというのは、それほど強烈なものなんですね。それが、歴史を塗り替えさせている。だけど、これは無意識のうちに、自分たちが劣等人種だと認めているようなものじゃないですか。そういう感覚を打破しようとして日本人が起こしたのが、大東亜戦争だったわけですよ。それをやったアジア人は、日本人しかいない。

堀辺　大東亜戦争の意義というのは、まさにそこにあります。500年ぐらい前のスペイン、ポルトガルの時代から始まって、イギリス、フランス、アメリカなどが次々と台頭し、地球上の国々はすべて白人の植民地になろうとしていた。そんなときに、日本が維新によってアジアで初めての独立を達成し、大東亜戦争によって白人支配を押し返したんです。これは白人にとって面白くないんですね。日本という国さえなければ、自分たちの植民地が地球上を覆ったままの体制でいられたはずなのに……という恨みがある。

「宙に浮いた年金5000万件」の責任の取り方

小林　そうやって日本だけが白人に立ち向かって戦った歴史があるにもかかわらず、今の政府は、ひたすらアメリカを怒らせないことばかり考えている。彼らを怒らせたら何もかもおしまいだから、性奴隷制も認めてしまうわけですよ。アメリカ大使館なんか、土地代[*8]も払ってないんですからね。そんな国はアメリカだけでしょ。他の大使館はみんな土地代を払っているのに、アメリカだけは都心の一等地の広大な敷地をタダで使っている。そこだけ見たら、完全な植民地ですよ。実際、岡崎久彦[*9]なんかは「つくる会」の教科書を親米的に書き替えてしまった。排日移民法ですら、何もかも白人様の言うがままになっているんだから、感覚的にはフィリピン人と変わらない。実際、アメリカ合衆国が悪かったのではなく、カリフォルニア州が悪かったんだと書いている（笑）。

＊8…米国大使館（東京都港区赤坂）は、日本政府の再三の督促にもかかわらず平成10（1998）年以後、借地料を払っていなかったが、交渉の末、一括支払いすることで平成19（2007）年12月に合意した。

＊9…平成17（2005）年に改訂された「新しい歴史教科書」では元駐タイ大使の岡崎久彦氏が監修兼執筆者に加わった。

自ら、日本を植民地化する方向にどんどん進んでいるんです。まさに謝罪恭順路線で、こんな状態に怒らずにいられる日本人がいたらどうかしてますよ。

堀辺　たとえば玄洋社の来島恒喜《くるしまつねき》が大隈重信に爆弾を投じたのも、大隈が外国人を裁判官として採用する見返りに不平等条約を改正しようとしたことで怒り心頭に発して、「そんなことでは公平な裁判は期待できない。不平等条約をより助長するだけだ。こんな恥ずかしい政策は日本人として許せん」ということだったわけですよね。そういう怒りは、時としてテロリズムという形で発散されるわけです。物事を表面的にしか見ない人たちは、「なんだ、国士といっても結局はテロリストじゃないか」と言うでしょう。しかし、もう少し歴史の深いところを読み取ってほしいんです。なぜ爆弾を投げてまで、しかも自分の命と引き替えにしてまで、それをやらなければならなかったか。私はそういう人々の中に、幕末維新以来の日本人の血、もっと遡《さかのぼ》るならば約700年前から養ってきた伝統的な日本人の精神というものを感じます。不正なものに対しては、自分の身を滅ぼすとわかっていても、気持ちを抑えきれずに行動を起こす。そういう武士の血を受け継いだ人間が、あの時代には存在したんです。そういう人間を「右翼」という言葉で評価するのは解釈として正しくないし、評論の言葉としてあまりにも貧弱すぎる。来島のような行動を「右翼テロ」と片付けるのではなく、「侍がやむにやまれず行動を起こした」と解釈する姿勢を、なぜわれわれ日本人は失ってしまったんでしょうか。

小林　そういう物の見方を忘れてしまった一方で、「武士」とか「侍」という言葉はわりと気軽に使われる印象がありますよね。たとえば日本人のスポーツ選手が海外で活躍すると、猫も杓子も「彼こそサムライだ」などと言いたがる。それはまだいいとして、あの「ナントカ還元水」の松岡農水大臣が自殺したときにも、石原慎太郎が「彼も武士だった」という言い方をしてました。

堀辺　それを本気で言ったとすれば、石原慎太郎さんの武士道理解は、かなり幼稚だと言わざるを得ません。松岡大臣の自殺は、まったく武士道とは関係ないと私は思います。たとえば、年金記録にコンピュータを導入した当時の社会保険庁長官が、宙に浮いた5000万件の責任を取って「命にかえて国民にお詫びします」と言って死んだなら、そこにはいくらか武士の精神があると言えるかもしれない。でも松岡大臣の場合は、国民に迷惑をかけたことを詫びたというより、自分が拘置所に入れられたり裁判を受けたりすることが耐えられなかっただけでしょう。いじめられた子供が自殺するのと、本質的には違わないと思う。それを武士道と結びつけて語るのは大いに疑問です。

命懸けの実力行使をためらう警察

小林　いざというときは命を投げ出すのが武士の精神だとすると、愛知の立て籠もり事件[*10]の警察の対応はどうですか。犯人に撃たれて倒れた警官を何時間も放置して、なかなか突入しようとしませんでしたよね。結局、その救出の際に若い警官が殉職してしまった。わし、あのときは仕事が忙しくてテレビでは最後の場面しか見てないんですけど、犯人に「両手を挙げてください」とか「ありがとう」とかバカ丁寧な言葉で話しかけて、相手が両手を挙げてもすぐには捕まえようとしない。どうしてさっさとタックルしないのか、全然わからなかった。

堀辺　あの事件でSATという警察の特殊部隊の存在を初めて知った人も多かったようですが、特殊部隊というわりに、訓練の成果がまったく見られなかったのは驚きでしたね。しかも同僚の警察官が撃たれて倒れているのに、誰も助けに行かない。警察という国家権力の最先端にいる人たちでさえ、命懸けで実力行使することができなくなっているんです。あんな現実を見せられたら、これから警察官志望者が減るんじゃないかと心配になりますよ。

＊10…平成19（2007）年5月、元暴力団員が元妻を人質に自宅に立て籠った事件。愛知県警の対テロ特殊部隊（SAT＝特殊急襲部隊）の隊員が犯人に撃たれて殉職した。

小林　たしかに、今の時代に警察官として正義のために戦いたいと純粋に考える人間はものすごく貴重な存在ですからね。

堀辺　それが貴重な存在だと認めるような共通認識のない国家は、安全を望みながら逆に安全から遠ざかっていく。日本ほど人権だ平和だと声高に叫んでる国はないのに、それに反する事件ばかり起きるのは、そのあたりの意識が混乱しているからでしょう。命懸けで悪にぶつかっていくことが、称賛されない。むしろ、良いことではないというような価値観が、警察官の頭の中にさえ埋めこまれているんじゃないでしょうか。

小林　マスコミも、警察官が犯人を追跡して発砲したら必ず文句をつける意見を出してくるじゃないですか。犯人を撃ち殺してしまったら人権問題にされるし、撃つのを躊躇《ちゅうちょ》して逃がしたりしたら、それはそれで非難される。何をやっても褒められない。警察もそんなジレンマを感じているから、中途半端なことになっているのではないか。だから、そのあたりの判断についてはそろそろ国民としての合意を取ったほうがいいという気がします。悪辣な犯罪者は、生かしておいたら次にまたどんな犯罪を引き起こすかわからないから、そんなに丁重に扱う必要はない、すぐに始末していい、という合意をしておかないと、もうどうにもならないんじゃないですか。

堀辺　たしかに、戦後60余年間にわたって「人権人権」と言われ続けたことで、警察官も萎縮している部分はかなりあると思います。だから、せっかく特殊部隊を作っても、いざとなると世間の空気に圧力を感じてしまって、訓練どおりの行動ができない。だから、社会全体の問題として考えなければいけない。犯罪捜査や人権をめぐる問題を、いっぺん整理し直す必要はあると思います。山口県光市の母子殺害事件[*11]についても、同じようなことが言えますよね。

小林　差し戻し審で死刑判決の可能性が出てきたら、大弁護団が結成されて、あれは殺人ではなく傷害致死だと言い始めた。

堀辺　死刑廃止論を唱えること自体は、それはそれでかまわないと思うんですよ。しかし、それは法律家として抽象的な議論の場でやるべきことでしょう。22人もの弁護士をずらりと並べて具体的な事件に介入し、現実の裁判を踏み台にして自らの思想を実現しようとするのは、法のエキスパートとしての弁護士のやることではない。

＊11…平成11（1999）年4月、山口県光市の本村洋さん宅で本村さんの妻と長女が絞殺された。起訴されたのは当時18歳の少年だった。平成19（2007）年6月、最高裁が無期懲役判決を破棄して広島高裁に差し戻したことから死刑判決が出される可能性が出てきた。これを受けて被告側には22人に及ぶ「人権派弁護団」が結成された。

小林　人権を楯にして、どんな凶悪犯であっても死刑はいけないという感覚は、どうしてもわからないですね。奥さんをレイプされた挙げ句に殺されて、おまけに赤ん坊の命まで奪われたわけでしょ？　死刑になって当たり前の事件としか思えない。

堀辺　普通の人間の感情としては、それが当然ですよね。だから昔は復讐というものが認められていた。しかし今後は裁判員制度[*12]の導入によって、死刑判決がこれまでより減るのではないかと思います。たとえ死刑制度そのものには賛成でも、自分自身がその執行に手を貸すことには抵抗を感じる人が多いでしょうから。しかも前に話したように今の日本には生命至上主義が蔓延していますから、犯人が法廷で少しでも改悛の情を見せたりすると、「生かしてあげたい」と考える人が多いはずです。だから、死刑廃止論者がムキになって戦わなくても、裁判員制度によって実質的に死刑は廃止されたも同然の状態になってしまう恐れもあると私は思っています。

小林　そもそも、法律のプロでもない一般の人間が裁判官をやるというこの制度自体が嫌いだね、わしは。

堀辺　しかも、これもアメリカの要望を受けて導入したわけでしょ。いったい何を狙っているのかは知りませんが。

＊12…平成21（２００９）年5月までに開始される。国民から無作為に選ばれた裁判員が殺人罪や強盗致死罪など重大刑事事件について裁判官と一緒に裁判を行なう。

小林　そうそう。これもグローバリゼーションの一環なのかもしれんけど、不愉快な話ですよ。もちろん、わしが裁判員になったら、光市の母子殺害犯みたいな奴は死刑にしますけどね。もし死刑にできなかったら、あの遺族の男性が仇討ちするのを手伝いたいぐらいですよ。それぐらいの腹立たしさを感じる。もし自分の身内が殺されて、犯人が無罪だの懲役何年だので出てきたら、絶対に探し出して復讐すると思う。

堀辺　わかりますよ、その気持ちは。

「独り相撲」は「愚かな行動」のことじゃない

小林　ところで話はまったく変わるんですが、わし、以前から大相撲の八百長問題について堀辺さんに聞きたいと思っていたんですよ。『週刊現代』がしつこく追及して、訴訟にもなってましたけど。

堀辺　『週刊現代』は相撲をスポーツだと定義しているから、そこで星の売り買いが行なわれるのは許せないという話になるんですよね。でも実を言うと、国技館は相撲がスポーツだと言ったことが一度もない。「相撲とは何か」を定義してないんです。

小林　え、そうなんですか？

堀辺　ええ。じゃあ、そもそも相撲とは何なのかというと、これがまた曖昧模糊《あいまいもこ》としてましてねぇ。最初は、神道における重要な神事だったんですね。その勝敗によって吉凶を占うようなことが行なわれていました。たとえば神社の前にひとりだけ力士が現われて、見えない悪霊を相手に相撲を取るフリをする。それで最後は悪霊を投げ飛ばして、自分が勝ったというポーズをして終わるわけです。力士が悪霊を退治したわけだから、その年は村の五穀豊穣が約束される。これが「一人相撲」という神事で、今でも残っている地方はありますよ。

小林　一人相撲って、単に愚かな行動のことじゃなくて、もともとは神事だったのか。

堀辺　そのほかにも、よその村から来た若い男が、地元力士にわざと負けるというパターンもあります。

小林　『週刊現代』が見たら「八百長だ！」と大騒ぎするでしょうね。

堀辺　そういう神事としての歴史が何千年もあるわけですから、まあ、相撲の歴史は八百長の歴史だと言えなくもないんですね。興行としての相撲は江戸時代に成立したんですが、この時代も、人気のある力士が勝ったりする。たとえば力士の中に、誰が見ても強そうだと思う巨体の持ち主がいるとしますよね。その力士が出場すると、普通なら300人しか入らない会場に、500人もの客が入る。それが負けてしまうと、みんなガッカリして次の興行が成り立たない。それでは困るから、その力士は勝つようになっている。ですから、当時の相撲は断じて西洋人のいう「スポーツ」ではなかったんです。

小林　わかるなぁ。わし、子供の頃から「横綱だからって、そう簡単に全勝優勝なんかできるもんなのかな」と疑わしく思ってたんですよ。いくら横綱だといったって、そんなに体力差があるわけじゃない。それが何度も全勝優勝するなんて、おかしいじゃないですか。だけど相撲を見ていると、「全勝優勝してくれ」と思っちゃうの（笑）。10勝5敗とかで優勝が決まったんじゃ、面白くない。

明治の西洋化の中で「国技」となった相撲

堀辺　その願望をかなえてやるのが、相撲の重要な要素なんです。

小林　そうでしょ？　プロレスがつまらなくなったのも、それがなくなったからですよね。わし、アントニオ猪木とブロディの試合をリングサイドで観てたんですよ。途中までは絶対に猪木が負ける展開だったのに、ブロディがなぜか足から血を流し始めた。額を切るならわかるけど、足から血が出るなんて不自然ですよね。だから観客席で「おかしいよな」とは思ってたんですが、その流血をきっかけに猪木の逆転劇が始まったら、もう会場の盛り上がりが凄くて、わしも嬉しくなってしまった。「勝てるのね？　猪木があのブロディに勝てるのね？」と思ったら、全ての疑問がパーッと吹っ飛んでしまったわけです（笑）。ところが一夜明けたら、スポーツ新聞に「ブロディは自分で足を切ってました」っていう記事が出るわけです。本当にやめてほしかった。だって、そんなこと言い始めたらプロレスが成立しないじゃないですか。こっちはいろんな事情を承知した上で、それでも彼らはプロだから、不自然な結果をファンに納得させるような技を出してくれるに違いないとか、こんどはどうやって自分を騙してくれるんだろうとか、複雑な楽しみ方をしているわけですよ。それをスポーツ紙は全部チャラにしてしまった。同じことを『週刊現代』が相撲でもやっているのが、不愉快で仕方がない。

堀辺　相撲が変わったのは、明治ですね。鹿鳴館に代表されるように、当時はあらゆるものが西洋化される風潮がありました。その中で、相撲も西洋化したんですよ。まず、欧米諸国にナショナルスポーツというものがあると知った板垣退助[*13]が、近代化を達成した日本に国技がないのは恥ずかしいと考えた。そこで目をつけたのが相撲です。これなら古事記や日本書紀にも記述があるし、平安朝時代にも節会《せちえ》相撲というのがあったぐらいだから、実に国技と呼ぶにふさわしい。それで、大相撲を行なう会場を「国技館」と名付け、そのときから相撲は日本の国技になりました。

しかし、その定義は相変わらず曖昧なままで、誰も明確に「相撲はスポーツだ」とは言っていません。たしかに本場所は、きちんとしたルールに則《のっと》った形で勝負に徹した取組が行なわれているので、みんな何となく「スポーツなんでしょ?」という空気を感じてはいますけどね。それで『週刊現代』も「相撲はスポーツだ」と決めてかかり、「だから八百長は許さない」という姿勢で臨んでいるわけですが、これを西洋のスポーツと同一視するのは、日本の「国士」を「右翼」という外来の概念で理解するのと同じこと。だから、相撲協会が「俺たちは一度も相撲がスポーツだと言ったことがない。これは日本独自の文化だ」と言えば済むんです。それを西洋のスポーツという概念でしか把握できないとしたら、これも戦後の日本人が変質しているひとつの証

＊13…明治政府の要職を歴任し、自由民権運動を推進した立役者。

左だと言えるでしょう。

小林　そうか。グローバル・スタンダードって、結局は西洋化のことですからね。その流れの中で、日本的な美意識や価値観が失われようとしている。

堀辺　そうです。相撲協会の人たちにも、いまこそ『平成攘夷論』を！　ですね（笑）。

武士ズム【第八章】

遂に明かされる「壮絶の半生」、我が「テロルの決算」

国技を襲ったリンチ事件

小林　前回は八百長問題の話で終わりましたが、相撲界はその後も朝青龍の出場停止や時津風部屋の事件など騒動が続いています。まず、あの序ノ口力士死亡事件[*1]はどう思われますか。シゴキに名を借りたリンチですよね。

堀辺　そうですね。残念なことですが、いわゆる体育会系の世界には、軍隊の鉄拳制裁から継承したマイナスの遺産というのがあるのもたしかだと思います。

小林　そういえば『フルメタル・ジャケット』という映画にも、米軍に入った肥満の青年がリンチとしごきの果てに自殺しちゃう場面があったな。

堀辺　第2次大戦中のフランス軍でも、上官のいじめで同じような事件が続発し、改善を求める通達が出たといいます。だから決して日本だけに特有の問題というわけではありません。上からの命令が絶対化されている組織では、ちょっとした違反に対しても過剰な制裁が行なわれることがあるんです。

＊1…平成19（2007）年6月、時津風部屋の序ノ口力士時太山が死亡した事件。時津風親方がビール瓶で殴り、兄弟子たちに「かわいがってやれ」と暴行を指示したとされる。

小林　しかし、親方がビール瓶で頭を殴ったとかいう報道を聞くと、「そこまでやるか？」と思いますよ。
堀辺　今の相撲界は日本人の入門者がほぼゼロという状況ですよね。どの親方もいかに新弟子を入れるかで悩んでいる。そういう状況であいう行為をしでかすことに、異様なものを感じます。
小林　元時津風親方も北の湖理事長も、その態度を見ていると、国技を預かってることに対する責任を感じているようには思えない。
堀辺　国民は相撲を国技だと思っているのに、当事者にはその意識がない。危機的状況ですよ。今の日本の動きと連動してるんじゃないですか。日本のアイデンティティを背負っているはずの人たちに、その自覚がないんです。すべて表面的なものになっているような気がしますね。
小林　相撲の場合、外国人力士を入れてグローバル化したことで、日本的な宗教心みたいなものが薄れてしまったような印象ですよね。放っておくと、果てしなくルーズなことになっていくんじゃないかな。一応、今のところは土俵で塩を撒いたりしてはいるけど、その意味を外国人力士がどこまで理解しているのか。そういえば最近、まだ15歳ぐらいの日本の少年がタイでムエタイ（タイ式キックボクシング）をやってますが、彼も試合前には例の踊りをやってたな。あれも、相撲で塩を撒くのと同じようなものですよね。

堀辺　ワイクーという踊りですね。たしかに、そこには何らかの宗教的要素が入っています。ただし現在のムエタイは、伝統的なムエタイとはかなり違うものになっている。もともとは中国のカンフーみたいなものだったんですが、英国からボクシングが入ってきたときに、西洋人が認めるような形にしないとムエタイが滅んでしまうと考えて、リングの上でグローブをはめて戦うようになったんです。それによって、現在まで生き延びることができた。西洋の侵略というと、軍事的侵攻と経済的搾取の問題ばかりが注目されますが、実はその裏側で文化的な面での西洋化が進んでいるわけです。自ら西洋的な要素を取り入れなければ、アジアは生き残ることができなかった。相撲もそうなんですよ。現在の「伝統」というのは、西洋の視点から再編成された伝統にすぎない。前にもお話ししたとおり、大相撲の本場所が「スポーツ」らしく見えるものになったのは、明治以降のことです。一方、地方巡業は本場所と違う。力士と観客との交流があって、ちびっ子に力士がわざと負けてあげたり、笑いを誘う「初っ切り《しょっき》」という見せ物のような相撲もやるんですよね。実は、その地方巡業のほうにこそ、本来の相撲の伝統が脈打っているんです。

小林　だから巡業をサボった朝青龍への処分も重かったわけだ。本場所ばかり一生懸命やって、地方巡業を軽視するのは、相撲の伝統を踏みにじる行為だということになる。横綱審議委員の内館牧子さんが、「大リーグに行ったイチローや松井はアメリカをリスペクトするのに、朝青龍は日本をまったくリスペクトしていない」と批判していましたが、これは本当にそのとおりで、朝青龍を見ていると、つい「たるんどる!」「けじめをつけなきゃいかん!」と思ってしまうんですよね。でも、実はこれが「シゴキの論理」にもつながるんです。みんなが朝青龍に「たるんどる!」と腹を立てていたら、弟子に「たるんどる!」と腹を立てた奴がリンチで殺していた。

「一本」の価値観を世界に発信できない柔道の危機

堀辺　朝青龍を批判するのは簡単なんですが、じゃあ、その横綱の品格を養成するようなことを角界がやってきたかというと、やっていないんですよね。外国から来た人に対して日本の価値観を説明することが、当の日本人にできなくなっている。日本人自身は、多少なりとも伝統の余韻を残している家庭で育っているので、「日本とは何か」ということを感覚的に理解できるんですよ。でも、それを言葉で他人に理解させることができない。そういう環境で、ただ強いというだけで横綱になった人が、日本人が求める美風や品格を身につけられるわけがありません。国技と呼ばれているので、世間の人は日本の文化が凝縮されていると思いがちなんですが、実は空洞化していて、親方たちも「日本の相撲とは何か」を論理的に説明できなくなっている。これは柔道も同じなんですよ。国際柔道連盟でも、山下泰裕[*2]が理事から外されてしまった。

小林　完全に乗っ取られちゃいましたよね。

堀辺　外国人は日本の柔道をやりたくないんです。本来、柔道の「一本」というのは、相手をきれいに浮かせて背中から落とす。畳がなければ、それで完全に戦闘能力を奪える。そうやって相手の死命を制するのが、「一本」なんですよ。日本の柔道家は、無意識のうちに、それが武術の真髄だと感じているんですね。ところが、その価値観を日本人が説明できないから、外国人には理解できない。ひたすらポイントを稼いで勝利を目指すアマレスみたいな柔道をやろうとする。

小林　日本は何でも向こうの価値観を受け入れて、自分たちのやり方を崩すでしょ。アメリカが「グローバリズム」と言うなら、こっちはこっちで「ジャパニーズ・スタンダード」を向こうに押しつけたっていいはずなのに。それこそ「テロとの戦い」にしても、政府の連中は国際貢献をするにはガソリンスタンドをやり続けるしかないと言うけど、日本流の「テロとの戦い」がある

＊2…昭和59（1984）年のロサンゼルス五輪の金メダリスト。

はずでしょう。それこそ自衛隊が軍服を脱いでアフガニスタンのパシュトゥーン人の格好をして、井戸を掘り出して田畑を作れるようにしてやれば、農民も豊かになって、銃を持って戦おうとはしなくなるでしょう。それでテロは減りますよ。「礼」で戦う対テロ戦があってもいい。

堀辺　しかも、「日本人はこういうやり方もできるのか」と尊敬されますよね。そういう文化を発信する国こそが、「美しい国」じゃないかと思います。その地域の民衆が「日本人がわれわれを助けてくれた」と感じられるだけの実績を残した上で、整然と立ち去る。そうすれば、民衆の側から、「もう一度、彼らを派遣してくれ」と言われますよ。

小林　戦前の台湾で統治に尽力した教師や警察官がいまだに伝説的な存在として語り継がれているのと同じように、日本人がタリバンの伝説になる。

堀辺　戦前の日本人には、美しい行為によって世界に自国の存在感を認めさせようというエネルギーが漲《みなぎ》っていました。海外での自分の振る舞いが、日本という国の評価につながることをみんなが理解していて、民族の理想や伝統を裏切らないような行為をする。それが個人の倫理とも結びついていたんですね。たとえば、昭和11（1936）年ベルリン・オリンピックの水泳で金メダルを獲った前畑秀子選手。彼女は、「もし金メダルを獲れなかったら、帰国する船から海に身を投じて国民に詫びようと思っていた」といいます。試合に負けたオリンピック選手が海に飛び込んだら、事によると国際社会に「日本人は野蛮だ」という世論が起きた可能性もあるでしょう。しかし一方で、ひとつしかない命を懸けてまで国のために戦っていたという精神が、西洋的なオリンピックの価値観に亀裂を生じさせたかもしれない。西洋人のスポーツ観を覆すほどの崇高さがあったはずです。

4歳で味わった空襲体験

小林　ところで今回は、この連続対談を締めくくるにあたって、堀辺さんの個人史もうかがいたいんですよ。そもそも、堀辺さんが武士道のような日本的な価値観に目覚めたきっかけは何だったんですか？

堀辺　私は4歳のときに、水戸で米軍の艦砲射撃と空襲に遭っているんですね。それが昭和20年の何月何日だったのかは、定かではありません。もちろん、文献を調べればすぐにわかることなんですが、調べる気にならないんですよ。年を経るにしたがって、あのときの衝撃が自分という人間を支配しているという確信が深まってくるので、4歳のときの体験は4歳の感覚のままで自分の中にとどめておきたいんです。

小林　そのときの様子は鮮明に覚えているんですか。

堀辺　母が私を背負って逃げまどっていたんですが、その背中から見上げた夜空がやけに美しかったことを強烈に記憶しています。極限状態の恐怖感にさらされていたはずなのに、敵機の機銃や日本軍の対空砲火が花火のようにきらめいて、とてもきれいに見えたんですね。その後も、風邪を引いて熱を出したりしたときに、何度もその光景を夢に見たほどです。もちろん現実には、足元から数十cmのところに機銃掃射を受けている。ダダダダッと機銃が地面を這っていく光景も覚えています。

小林　グラマンが上空から襲いかかっていたんですね。

堀辺　今から思えばそういうことになりますね。どこかから「車の下に入れ！」という声が聞こえて、母は私を背負ったままそこに潜り込みました。怖くて泣き出した私の尻を、母が「泣くんじゃない」と言ってポンポンと叩いていましたね。その後、どうにか親戚の家の防空壕に避難したんですが、そこでは、日本軍の飛行機が撃墜されるところも見ましたし、敵機に対して地上の日本兵が怒号を上げながら応戦している姿も見ました。

小林　凄まじい体験ですね。

堀辺　空襲から一夜明けて防空壕から出ていったら、町が廃墟と化していました。それを茫然と眺めていたら、向こうから大勢の兵隊が銃を担いで行進してきたんですよ。それを見た私は、体が硬直するような異様な緊張状態になって、兵隊たちに向かって頭を下げていた。ただ、たしかにそういう記憶はあるんですが、4歳の子供がそんなことをするものだろうかとも思うんです。人間は、あとから自分で記憶を作ってしまうこともあるじゃないですか。でも、母に尋ねてみると、「おまえは兵隊さんたちに向かって深々と最敬礼していた」と言う。

小林　物心つくかつかないかという頃から、国のために命懸けで戦っている人間に対する敬意を感覚的に持っていたんですね。

堀辺　母によれば、それ以降の私はしきりに「兵隊さんになりたい」と言っていたそうです。何かに挫けそうになったときなど、母に「そんなことでは立派な兵隊さんになれませんよ」と言われると、人が変わったように耐えたというんですね。たとえば、当時は食糧の買い出しもかなりの重労働でした。私の父は、戦後はとくに悪名高いものとなった特高警察だったので、当然、任務で家に帰れなかったのでしょう。空襲の後も、しばらく姿を見ませんでした。姉と兄は疎開していたので、私が母の手伝いをしなければいけない。しかし重い荷物を背負って歩いていると、ろくな履き物もないので、すぐに足にマメができてしまうんですよ。それで「痛い痛い、ちょっと休みたい」と言うと……。

小林　お母さんが「そんな弱虫では兵隊になれない」と言うわけだ。今の日本ではあり得ない教育だよなぁ。

堀辺　やはり、廃墟の中を粛々と歩んでいった兵隊たちの中に、私は何かを感じたんでしょうね。これは後づけの理屈かもしれないけれど、祖国の運命を背負って全力を尽くして戦う男たちの姿に、何か高貴なものを感じていたんだと思います。

傷痍軍人をいたわった母の思い出

小林　終戦のときのことは覚えていますか。

堀辺　町中の大人も子供も集まって、みんなラジオ放送を直立不動の姿勢で聞いていました。私は母の手を握っていたんですが、ふと見上げると、目から涙が流れている。意味はまったくわからないんですが、母親が泣いていると子供も悲しくなるんですね。だから私も、当時はよく意味はわからないんだけど……（目頭を押さえながら）……一緒にワァワァ泣いてました。

小林　お父様はどんなご様子でしたか？

堀辺　玉音放送のときも家にいませんでした。それからしばらくして家に戻ってきましたが、ある晩、ＭＰ（米軍憲兵）がジープに乗って現われたんです。「行ってくる」とひと言母に言って、ジープに乗せられていくところは見ました。しばらくして帰ってきましたが、その後は公職追放になり、仕事にも就けなかった。そのため、母が洋裁学校を作って、生計を支えていました。その洋裁学校に、よく傷痍《しょうい》軍人が来てアコーディオンを弾いたり歌を歌ったりしていたんですよ。すると、母がお小遣いや食べ物を寄付してあげる。

小林　ああ、傷痍軍人はわしも子供のときに福岡の太宰府あたりで見たことがありますよ。わしと堀辺さんはちょうど年齢がひと回り違うんですよね。わしは戦後の生まれだから、戦中の体験談をうかがっていると、もっと離れているように感じてしまうんだけど、傷痍軍人ぐらいになると、ようやく同時代という気になってくる。ただ、わしが見た頃は、もう世間が傷痍軍人を見る目も冷たくなっていたような気がしますけど……。

堀辺　そうでしょうね。私が12歳ぐらいのときには、もう冷たい空気がありましたから。町内会のおじさんたちが、「あいつらは白衣も自分たちでこしらえて、わざと哀れみを乞うようにしてるんだから、相手にしないほうがいい」などと言っていました。でも私の母は、彼らが来ると必ず家に招き入れてあげる。右腕が義手の傷痍軍人と、「どちらの戦場で負傷されたんですか」などと母が話をしている風景を今でもよく覚えています。「大変なご苦労をされたんですね。私は何もしてあげられないけど、今日だけお母さんだと思って過ごしていかれたらどうですか。よろしければ、今晩はこちらに泊まられてもいいんですよ」と。そんなことが何十回もありました。夏にはスイカを出してあげたこともありましたし、当時まだ滅多に飲めなかったコーヒーを振る舞っていたこともありましたね。

小林　立派なお母さんだなぁ。世間は旧日本兵を白眼視し始めていたのに、お母さんは全然転向していない。

堀辺　私もそういう母親を尊敬していました。傷痍軍人が、帰るときにはすっかり元気になって、昔の軍人に戻ったように敬礼して出て行く姿も覚えています。そういう母の姿を見ていると、自分が４歳のときに日本兵に敬礼したことも、「兵隊さんになりたい」と言い出したことも、納得がいきました。こういう母に育てられたから、俺はこういう人間になったんだな、と。

小林　それはもう、運命ですよね。そもそも「水戸藩」のお生まれなわけですし。

遅れて来た軍国少年

堀辺　父親も変わった男で、今上天皇が結婚されるまで、毎朝、仏間で教育勅語を朗読していましたね。そのせいで、私は学校で教育勅語を習った世代ではないのに、朕惟《おも》フニ我カ皇祖皇宗國ヲ肇《はじ》ムルコト宏遠ニ……と門前の小僧のように覚えてしまいました。それで、知らず知らずのうちに、戦前の価値観というものを身につけていったんだと思います。父の蔵書にも多大な影響を受けましたね。なにしろ特高警察でしたから、右から左まであらゆる思想関係の書物が揃っていたんです。最初にそれに手を伸ばしたのは、12歳か13歳のときでした。自我に目覚めて、自分は何のために生まれてきたのかとか、将来どう生きるべきかなどと考える年代にさしかかっていたんでしょう。手に取ったのは、杉本五郎中佐という人が書いた『大義』という本でした。城山三郎さんが『大義の末』という小説のモデルにした人物です。杉本中佐の本には、「この天の下、地の果てるところまで天皇の徳が及ばないところはない」「髪の先から足の先まで一呼吸一呼吸全てを天皇に捧げ奉ることが日本人の生きる目的である」「その大義に生きるのが軍人である」といったことが書かれていました。普天率土《ふてんそっと》（天地の普《あまね》くところ）、ブッダやキリストをも超える存在として天皇を捉え、天皇の赤子として、臣民はもとより人類すべては天皇帰一に徹するのが大義であるという一節を読んだときは、震えるような感動がありましたよ。何度も読んで、「自分も杉本五郎中佐になろう」と思っていました。

小林　すごいね。ほとんど純粋培養だ。

堀辺　遅れて来た軍国少年ですよ。しかし学校に行くと、それとはまったく違う教育を受けることになる。ホームルームで学級委員を選ぶような民主主義の真似事をやりながら、家に帰ると藤田東湖《とうこ》[*3]の「正氣之歌《せいきのうた》」を読んで、水戸学的な尊皇攘夷思想みたいなものを学んでいたわけです。でも、本で勉強した考えを学校の先生にぶつけると「何を変なことを言ってるんだ」と煙たがられるし、友達ともまるで意見が合わない。自分は異常な考えを持ってしまったんじゃないかという不安がありましたね。

＊3…幕末の水戸学者。正氣之歌では「死しては忠義の鬼となり、極天皇基を護らん」と書いた。

小林　戦前どころか幕末まで行っちゃってるんだもんなぁ（笑）。そりゃあ、話も合わんでしょう。

民族主義団体との出会いから北一輝まで

堀辺　だから、同じような意見を持った人たちがどこかにいないか、いろいろ調べましたよ。それで発見したのが「不二歌道会」[*4]という団体。その機関誌を読むと、戦後の学校教育とは違うことが書かれているので、「ああ、こういう人たちがいるんだ」とすごく嬉しかったですね。しかも彼らは大東亜戦争に反対して、東条英機内閣のときに一網打尽の目に遭っているんです。学校では、右翼は誰も戦争を止めようとしなかったと聞かされていましたが。

小林　左翼の連中は、右翼はみんな軍国主義で、必ず戦争を美化していると思い込んでいるけど、本当は違うんですよね。

堀辺　ええ。天皇の命によって戦争が始まろうとしているのに、その戦争に反対する民族派というものが成り立ち得たわけです。しかも終戦時には、戦争を止められなかった責任を取って、そ

＊4…日本浪漫派、民族派などの影響を受けた団体「大東塾」の流れを汲む団体で、前身の「新国学協会」には保田與重郎、尾崎士郎、林房雄らが同人として参加している。

この塾生が14人も切腹している。「日本を敗戦に至らしめたのは、われわれの力不足であった」と、代々木の練兵場に集まって古式豊かに腹をかっさばいて死んだんです。それを知った私は、大切な命を投げ捨てて戦後の礎《いしずえ》になろうとしたこの人たちに、嘘偽りがあろうはずがないと信じることができました。開戦した東条英機も、その開戦に反対した人たちも、天皇に自分の真心を捧げるという共通の価値観を持っていたということを学んだわけです。そんなものを読みながら、私自身も年を重ねるごとに起伏のある民族主義者になっていきました。20代ぐらいになると、いわゆるマルクスボーイたちとも論争するようになりましたね。しかし残念ながら、そこでは徹底的にやられるわけですよ。水戸学の理屈でマルクス主義に対抗しても、勝てませんよね。

小林　そりゃ、そうでしょうねぇ。

堀辺　彼らの理論で社会の現実を説明されると、ほとんどKO負けしてしまうんです。いつも彼らに論破されてしまうのが悔しいので、マルクス・レーニン主義の書物も読み漁りましたよ。それで、一時は階級闘争史観に感化されて左翼的になった時期もあります。しかしその一方で、「水戸学なんて幕藩体制を維持するための保守反動以外の何物でもない」などと言われると、どうしても納得できないんですね。天皇の名によって暗殺したり暗殺されたりした人々の思想が、単なる保守反動であるわけがない。幕末維新の思想、あるいは戦争中の軍人の思想というものが、果たして左翼の理論で否定されてしまうような何の価値もないものなのだろうか……そんなことを考えていたときに、津久井龍雄[*5]先生から「これを読みなさい」と渡されたのが北一輝でした。ものすごく難しい内容でしたが、従来とは異なる皇国史観に触れたとき、私は「これはマルクス主義に対抗しうる科学だ」と思いましたね。今はそういう意味での「科学」というものを信じてはいませんが、天皇と農民と武士との関係や、日本人にとっての忠義と反逆の意味など、私が切実に知りたかったテーマが、『国体及び純正社会主義』では説明されていた。それ以来、北一輝が私のバイブルです。今でも何年かに一度、迷いが生じたときなどに読んでみると、「こんなことも書いてあったのか」と思うことがありますね。

父から教わった骨法の「伝説」

小林　なるほど。北一輝の話はこの連続対談でも何回か出てきましたね。ここまでのお話で、思想的な面についてはよくわかりましたが、武道はいつからおやりになっていたんですか？

＊5…赤尾敏らと行動をともにした大正・昭和期の国家社会主義者。

堀辺　9歳の誕生日に父に呼ばれて、「おまえの性格は武道をやるにはいい性格だから、俺が教えてやる」と言われました。そこで教わったのが骨法《こっぽう》です。

小林　すると骨法は堀辺家で昔から伝承されてきたものなんですね。

堀辺　そうです。はっきりしませんが、かなり昔からの伝承です。私の家の流派以外にも、たとえば江戸時代の文献に「武芸師家旧話」というのがあって、竹内流柔術の2代目、竹内常陸介久勝《たけうちひたちのすけひさかつ》が徳川家康公の御前で、戸田五郎兵衛《とだごろうべい》という剛力の者を取り押さえてみよ、という命を受けた。そこで久勝は機転を利かせて、茶碗の水を戸田の顔にかけて当身を入れた（急所を突いた）が、それが効かなかったので、「こつぽう」を使って倒した、という話が出てきます。また「乞言私記《こうごとしき》」という資料には、江戸時代の初期、紀州徳川家に仕えた佐々木五郎右衛門について、「骨法を善くす。右手小指の骨を以て人を打つに、直ちに死すといへり。初のお目見の節、麻上下《あさがみしも》着致し、御前にて、石を膝の上におきて打破る。石二つに割れしとぞ」とあります。空手の石割りに似た祖型がすでにあったわけですね。元禄15（1702）年、赤穂浪士が討入った年に出た「新編常陸国誌」には、「大山因幡守《おおやまいなばのかみ》の家臣に堀辺土佐と云う者あり。天正、慶長（の時代）なり。佐竹氏羽州に移る時止《とどまり》て、茨城郡孫根《まごね》に住す子孫今に存するとあるも現在阿波山に存す……」とあって徳川家が水戸に転封されてくる以前から骨法は伝わっていたと、父に教わりました。さらに、骨法には「流派伝説」があるんですよ。それによると、奈良時代の神亀3（726）年に藤原氏の献策があって、それまで相撲にあった「突く、殴る、蹴る」の三手が聖武天皇の勅命によって禁じ手となったと言います。

小林　前にうかがった「古代の相撲」というやつですね。

堀辺　そうです。まあ、どこまでが事実で、どこまでが説話なのか疑問符の付くところなんですが、日本書紀では、当麻蹴速《たいまのけはや》を野見宿禰《のみのすくね》が蹴り殺して相撲の始祖となったというんですから現在の相撲とは、まったくと言っていいほどに違う。「相《あ》い撲《なぐ》らず」の今と、「相《あ》い撲《なぐ》る」の古《いにしへ》ですからね。朝廷が禁じた「突く、殴る、蹴る」の技を保存し体系化した、それが骨法だと言います。始祖は大伴古麻呂《おおとものこまろ》という武将で、彼は遣唐使として派遣されたこともある人物なんですが、藤原氏に攻められたとき、鎧を着ている相手を掌で打っただけで即死させてしまったというのです。少年の私にとっては、血沸き肉躍るような話でした。ですから猛稽古にも耐えられました。ただし、この伝説は相撲の起源説話と同じく、どこまでが歴史で、どこまでが説話なのか正直、私にはわかりません。

小林　家に道場があったんですか。

堀辺　いや、畳敷きの部屋や庭先などで教わっていました。最初は、朝晩に両親にきちんと挨拶するなど、規律のある日常生活を送るのが大切だということから始まりましたね。それから、立ち方や座り方に「隙がある」というようなことを指導されたり、「カニ歩き」という横への移動法を教わったり。はじめのうちは体力作りのようなものが中心で、武道らしいことはなかなか教えてもらえませんでした。

ヤクザに刃物を突きつけられた母のひと言

小林　それでも9歳から始めていたなら、学校でも強かったでしょ。

堀辺　お陰でケンカは強くなりましたが、父には「そんなことをするために教えてるんじゃない。将来おまえが国家有為の人間になるために教えてるんだ」と怒られましたね。父は、私が武道家になることには反対だったんです。「軍人になれないなら官僚になれ」と言っていました。だけど、私は官僚向きの性格じゃありません。しかし、すでに天皇の軍隊は存在しないし、自衛隊はアメリカの番犬にしか見えない。とはいえ学校の勉強をする気にもならず、大学も1年で中退。その後はテロリストとして桜のように散ろうと思ってました（笑）。

小林　どんなテロを企んでいたんですか。

堀辺　悪い政治家なり何なりを見つけて、短刀で刺し殺すようなイメージですね。もちろん、その後は自決する。だから、自分は30歳まで生きていないだろうという前提で暮らしていました。

小林　右翼団体には入っていたんですか？

堀辺　正規の会員にはなっていません。北一輝の思想は生産手段の社会的所有を認めていたりするので、民族派の団体に行くと「おまえの言っていることは左翼だ」と言われるし、天皇の下での改革を求めているので、左翼には「おまえは民族派だ」と言われてしまうんですよ。なので、殺すべき相手を探してひとりでうろついていました。

小林　おっかないなぁ。そんなときに出会わなくてよかった（笑）。

堀辺　ただ、仕事がないから食えないですよね。でも、そういう人間には裏社会の連中が目をつけるものなんです。なにしろケンカをやれば絶対に強いですからね。なぜ強いかというと、骨法で身につけた技術もさることながら、本当に死ぬ覚悟ができているから何も怖くないんですよ。

しかも、壮烈に殺されるのは決して恥ではないという意識が形成されているので、死は悪いことではないと思っている。そういう男を雇いたがるのは、一般社会の人たちではない。だから、ヤクザの用心棒をやったこともありますし、任侠団体が作った政治結社で講師の仕事をしたこともありますよ。でも、次第に用心棒に落ちぶれた平手造酒《ひらてみき》みたいな自堕落さにほとほと嫌気がさしてきたんです。そしてちょっと揉め事が起きたときに、向こうが私の実家に行って母を監禁したんです。

小林　監禁？　なんか、すごい話になってるな、今回は。

堀辺　呼びつけられて家に行ったら母が手を縛られていて、「俺たちのいうことを聞かないと、この婆さん殺すぞ」と私を脅すわけです。そのとき母が、刃物を持っているヤクザに近づいて、「殺すなら殺しなさい」と言ったんですよ。

小林　そのお母さんなら、言うでしょうね。

堀辺　それだけじゃありません。次に私のほうを向いて「目を覚ましなさい」と言いました。「とんでもない子供を育ててしまった」という後悔の念を以前からずっと抱いていたんだと思います。私は隙を見て刃物を取り上げ、二人のヤクザをぶちのめしたんですが、さすがに目が覚めましたね。幼年期から夢見ていた軍人にはなれず、テロリストとして殺すほどの相手もいない。妖しい情念が自分の中に渦巻いているばかりで、ろくでもない連中を相手に、父親が望んだのとは違う腕力の使い方をしている。

アントニオ猪木との因縁

小林　そういう時期が何年間ぐらい続いたんですか。

堀辺　5～6年ですね。それで自分は何をすべきか考えたときに、本来の武士の精神に立ち返るべきだと思ったんです。武道を通じて人材を育てる、松下村塾の真似事をしてみようと思ったのが、道場を開いた理由でした。そして、35歳のときに東京・東中野に道場を開きました。

だから私の道場というのは、最初からスポーツとしての格闘技をやるのではなく、武士道精神を持って社会と対決できる人間を生み出すのが目的でした。残りの人生を、それに賭けようと思ったんです。でも、かなり反発がありましたよ。格闘技はスポーツなんだから、ルールに基づいた勝負に徹すればいい。おまえのように、本当の殺し合いを考えるのは格闘技ではない。おまえの価値観を、われわれの世界で発信しないでくれ、と。しかし、相手を「殺す」ことを追求していけば自分が「殺される」ということに行き着く。そこで初めて命の有限性、人間の運命といった根源的な問いを発することができる。武道とは生死を通して人間存在の根源を考えることだと私は捉えています。しかし伝統的な武道を追求すればするほど、私は孤立化していった。だから、あらゆる分野において日本古来のアイデンティティは市民権を得てないというのが、私の理解なんですね。

小林　でも、ある時期からプロレスラーが教えを乞いに来るようになった。それでわしも骨法や堀辺さんの存在を知るようになったわけですけど、あれは何がきっかけだったんですか。

堀辺　あるとき、弟子に「先生、俺たちは骨法を一生懸命やっているけど、誰もこういう武道があることを知らないから肩身が狭い」と言われたんですよ。で、それは気の毒だと思って、何とか骨法の存在を世間に知らしめようと思ったんですね。それには、誰か有名な格闘家を倒すのがいちばん手っ取り早い。それでターゲットにしたのがアントニオ猪木だった（笑）。

小林　じゃあ、最初は仮想敵みたいなものだったんですか？

堀辺　そうそう。だから、猪木の興行を追いかけて接触を試みたりしていました。ところが不思議なもので、そんなことをしていたら、あるとき猪木の後援者が私を訪ねて来て、「猪木を教えてくれ」と言うんです。それが、昭和61（1986）年に行なわれたレオン・スピンクス戦を控えた時期のことでした。ふつうは見られないような技で、しかもプロレスのファンが見て面白いと思うような技を伝授できないかというんです。「それなら簡単ですよ」といって私が教えた何種類かの技の中で、猪木が気に入ったのが「浴びせ蹴り」でした。

小林　はいはい。あの、くるっと回転して足を飛ばすやつですね。そのあたりからはわしもわかるんだよな（笑）。

堀辺　それ以降、前にもお話ししたようにいろいろなプロレスラーが来るようになりました。だから私の道場は、プロレス・ファンがプロレスというフィルターを通して認知していただけなんですね。もともとは、この対談でずっと話してきたような思想的な部分が私の本質なんですが、そういう部分は世間にほとんど伝わっていなかった。

小林　それにしても、こうしてうかがっていると凄まじい人生ですよね。それだけの経験をされているからこそ、思想にも説得力がある。わしも最近、蘊蓄《うんちく》好きのおたく連中が盛んに「保守とは何か」という議論をしているのを見て、やはり理論より経験が大事だと思うことがあるんですよ。先日も、金沢で開催された大東亜聖戦祭でわしの熱狂的ファンが演説してたんですけど、『ゴー宣』の台詞をそのまま喋っているんで、びっくりしてね。ほとんど丸ごと記憶しているような感じで、まるでわしが喋ってると思うぐらい。しかも、そんな話をしながら「自分はワーキングプアです」とか言ってるので、楽屋でモニターを見ながら呆れかえってしまったんです。これは大問題だと思ったので、わしは予定していた話をすっ飛ばして、「わしの本は読まなくていいから、ちゃんと定職を見つけて、現場を持ってプロになれ。そうしないと、キミの言葉には何にも説得力がないぞ」と説教したんですよ。うなずいて聞いてましたけどね。もちろん、そこには『ゴー宣』に影響を受けてプロになろうと思い、「現場から世の中を変えていきたくて官僚になりました」というような人も来てはいるんですよ。でも最近は、おたくの若者だけじゃなくて、大学教授のレベルでも、ほとんど社会的な経験がない。

堀辺　だから、そこには心に響くものがないんですよ。自分の生きる糧として知識を必要としたんじゃなくて、最初から他人に伝達するために知識を仕入れている。それが今の知識人だと思うんですよ。それこそ安倍前首相や昔の中曽根首相なども、何かにつけて「日本の伝統と歴史」という言葉を持ち出すのはいいんですが、その日本の伝統とは何かということにはひと言も触れようとしない。保守派の人たちも、「日本の伝統を保守するのが保守派だ」としか言いません。でも、これは全くのトートロジー（同語反復）なんですよね。「伝統とは何か」をしっかり伝えずに、ただ「伝統を守れ」と言われても困る。

小林 ただ、それを理屈や言葉だけで一生懸命に伝えても、単なる知識として受け取られていくことにしかならないんですよ。逆に、深い人生経験を積み重ねた人間の言葉というのは、その信条がマルクス主義者だろうと保守主義者だろうと、イデオロギーを超えた迫力みたいなものを獲得する。

堀辺 そうですね。学問というものは、まず自分の頭で考えて、自らへ向けて問いを発するところから始まるものだと私は思うんです。そして、自分なりの答案を書く。それが世間の価値観とは違っている場合もあるでしょう。そうなったら、何が違っていたのかを問い直す。少なくとも私は、何十年もそれをやってきました。

その中で気づいたのは、学問というのは、いろいろな立場から物事を考えてみるということに尽きるんじゃないかということです。自分とは別の観点からの見方もあるということを知らないで、「俺はこう考える」と言ってはいけない。あらゆる考え方を知るために最大限の努力をした結果、場合によっては自分の答案を軌道修正しなければならないこともあるでしょう。逆に、頑として譲れない場合もある。そういう多角的な発想を忘れている人間は、どんなに豊富な知識を持っている書物の虫であっても、学者とは呼べません。学者である以上、自分の説も仮説かもしれないというクエスチョンマークをどこかでつけておかないと、ただの狂信者に陥る可能性がある。私自身、水戸学や北一輝、マルクス主義などさまざまな価値観に触れてきましたが、すべてに一応はクエスチョンマークがついています。ひとつの信念を抱きながらも、これから自分が生きていく中で、別の答えが出てくる可能性はゼロではない。そう考えて謙虚に学び続けるのが、知性というものだと私は思っています。

小林　これからも、お互いに刺激し合いながら知性を高めていきたいですね。長いあいだ、どうもありがとうございました。

日本人の劣化現象に警告を発す

堀辺正史

この日本には、日本国籍が与えられているだけの括弧つき「日本人」しかいなくなったのではないか。武士の生き方、考え方を通して、日本を捉え直さねばならないと考えるのは、その現状を憂えるからだ。

マッカーサーによって自国の憲法を作らされたことに象徴されるように、敗戦後7年間の占領政策の中で、日本はあらゆる価値観の転換が行なわれ、東京裁判では大東亜戦争が罪悪として裁かれた。その結果、日本の歴史と伝統を受け継ぐことを忘却させせられた「日本列島人」が、戦後60数年にわたって日本に生息することとなった。

では、真の意味での「日本とは何か？　日本人とは何者か？」——このテーゼを追求する中で、私は武士という存在に行き着いたのである。

もちろん日本の歴史を紡いできたのは武士だけではない。百姓・町人、武士、天皇をはじめとした公家という、三つ巴の中で歴史は進んだ。しかし、日本の特異性がどこにあるのかを考えると、封建制度を作り、維持していった侍という存在に集約される。

したがって、侍がどういう価値判断で、どういう生き方をしてきたかということを、多くの人に知ってもらう。それが「日本列島人」が真の日本人に変わる重要な要素になりうるのではないか、そんな思いから小林よしのりさんとの対談をお引き受けしたのである。

武士の生き方、死に様、すなわち、武士道精神というものが最大限に発揮されたのが、日本に近代化をもたらした明治維新であった。

これまで明治維新は、フランス革命などと比べて非常に低く評価されてきた。市民が立ち上がって支配階級を倒したフランス革命に対し、明治維新は百姓・町人が立ち上がって武士政権を倒したわけではない、というのが一般的な評価だろう。

しかし、この評価に対して、長いあいだ納得がいかなかった。

明治維新が日本の近代化をもたらした「革命」だったことは紛れもない事実である。そして日本の革命は、被支配階級が支配階級を倒して社会体制を変革するという形ではなく、支配階級自らが、自国の未来のために滅びの道を選んで成し遂げられた。

幕末の武士たちは、西洋の脅威と侵略を目の当たりにしたとき、「公のためなら自分の命さえ捨てる」という自己犠牲の精神によって、自らの特権を捨てることで強固な日本を作り、西洋列強に対抗しようとした。言い換えれば、武士たちの〝集団切腹〟によって明治維新は成し遂げられたのである。

支配階級が自国の発展のために、自ら滅ぶ決断を下した例は古今東西、明治維新以外にない。その武士たちの姿こそ日本人を日本人たらしめる唯一無二の魂だと、私は結論している。

この明治維新の本質を今回の対談や小林さんの著書『平成攘夷論』によって、多くの人に伝えられるようになったことは大きな喜びである。

最後にひとつ告白しておく。それは、この『武士ズム』で小林さんと言葉を交わすことによって、心の中にあった「残り火」のようなものが、再び燃えたぎったことだ。

小林さんはこれまで、自分の信念を発表していく中で、言葉にはできないほどの誹謗中傷や妨害を受けてきた。しかし、一貫して闘う姿勢を崩さなかった。私はそこに大いなる武魂、武士の魂というものを感じていた。そして、実際にお会いしてみて、私の目に狂いがなかったことを実感できた。

今はこう確信している。小林よしのりの生き方こそ『武士ズム』である。

平成の武士に出会い、久しぶりに興奮した。

平成19（2007）年12月3日

武士道を論ずれば癒されるとは……

小林よしのり

随分前からプロレスや格闘技の評論をする堀辺さんの文章を読んで、この人は知識と論理と経験の複合が見事だなあと感心していた。やけに説得力があって、面白味がある。この人と武士道について語り合ってみたいと思っていたが、その機会が巡ってきたとき、堀辺さんの風貌の特異さに反比例した繊細で柔和な雰囲気に接し、いっぺんで好感を持ってしまった。

実は堀辺さんとの対談を始めた頃、わしは目の手術をした。普段メガネをかけているせいか、風呂場で目の周囲をかきむしる癖を持っていて、それがどんどんひどくなって、バリバリかきむしるとスカッと気持ちよくなるという異常なストレス解消法を好んで採用していた。

この性癖は恥ずかしくて医者にも告白できなかったのだが、その結果、水晶体を傷だらけにして白内障になり、視界不良が激しく、毎日霧の中に光が乱反射しているような風景を見ながら生活する破目に陥り、交通事故寸前の危険な状況で都会を彷徨していたのだった（小学館刊『目の玉日記』に詳しい）。

幸い、手術したら成功しすぎて漫画家になる前より視力が向上し、この先、老眼になる心配もないというパワーアップを果たして、漫画家生活で最大の仕事量をこなす日々に追われている。同じ頃、堀辺さんも目の不調を訴えておられたので、わしは医者を紹介して入院中を見舞ったりしていた。

目の手術は当然目を開けたままで行なわれる。目にメスが接近し、目の中に入ってきて、水晶体を破壊する様子をしっかりと凝視しておかねばならない。手術の一部始終が見えるのだ。その気味悪さに耐えねばならない。

わしも堀辺さんも悲鳴ひとつ上げず、この「目の切腹」に耐えた。我々は「目の切腹」仲間なのだ。

そんな目の死と再生の儀式に耐えた戦友である堀辺さんの人柄は、普段でも対談のときと変わらない生真面目さが印象深く、ほとんどふざけたところがないといっていいくらいの武士な人だった。

実はわしも生真面目な人間で、堀辺さんよりはふざけているかもしれないが、根は真面目だとは豪語できる自己評価なので、久しぶりに波長が合う人格と巡り会ったと感じていた。

堀辺さんとの対談は、この社会の出来事を「武士道」に引き付けて論じてもらうことを主眼としており、いきおい、話はやはり戦後の生命至上主義に対する懐疑に帰結することになる。

たとえば最近問題になっているのは、沖縄戦で米軍が上陸してきた際に起こった住民の集団自決が、日本軍の命令だったか否かという議論である。沖縄のマスコミは「軍命ありき」でキャンペーンを張っていて、沖縄では「軍命などなかった」と言おうものなら村八分にされる空気が漂っている。

だが沖縄戦が始まる一年前まで、沖縄には「軍馬一頭」と揶揄《やゆ》されるほどしか日本軍はいなかった。まともに軍が派遣されてたった一年で、住民がすっかり軍に統制され、「家族同士で殺し合え」と命令されたら粛々とその「軍命」に従った、などということがあるだろうか？

沖縄のマスコミや学者たちは、当時の沖縄県民は「家族愛」よりも「軍命」の方が絶対になっていたと言っているわけだから、これは当時の沖縄県民に対するとてつもない侮辱である。

家族愛ゆえに死を選ぶ。米軍に辱《はずかし》めを受け、惨殺されるくらいなら、家族一緒に死んだ方がましだ、という切羽詰った思い。その方が軍人さんたちも思う存分戦える、足手まといになりたくない、と健気《けなげ》に思いつめる愛国心。そんな感覚がどうやら今の沖縄のマスコミにも、本土のマスコミにも、想像もつかないようなのだ。

サイパンでも米軍が上陸してきたら、女性たちは子供を抱いて次々に断崖から身を投げた。樺太でもソ連軍が迫ったら、女性交換手たちが青酸カリを飲んで集団自決した。もちろん「軍命」などあるはずがない。自ら死を選んだのだ。この当時の日本人の、武士の切腹にも通底する死生観が、どうしても戦後に生きる者たちには理解できない。

何しろ今の沖縄では「命《ぬち》どぅ宝（命こそ宝）」という標語が氾濫している有り様で、その生命至上主義に洗脳された頭脳では、武士道も愛国心も理解できず、哀れなことに自分たちの祖父母の代の思いまでが忘却されている。

そのような大衆を相手に説得することの虚しさに、いつまで耐えられるのかわからぬが、また焦燥感が募ってきたら、堀辺さんとでも話してみよう。あまり好きではない流行語だが、何しろ癒されるからな。

平成19年（２００７）12月４日

本書は小林よしのり責任編集長『わしズム』（小学館発行）平成18（2006）年2月13日冬号から平成19（2007）年11月30日秋号に掲載した連続対談を再構成し、大幅加筆したものです。

堀辺正史（ほりべ・せいし）

昭和16（1941）年、水戸生まれ。武道家。昭和51（1976）年、東京・東中野に骨法の道場を開き、現在、創始師範。格闘技界のご意見番として知られ、アントニオ猪木、獣神サンダー・ライガー、船木誠勝など名だたるプロレスラーが堀辺氏の道場の門を叩いた。著書に『命懸けの論理』『骨法の完成』『格闘新書』『ザ・喧嘩学』『武道と他流試合』など。

小林よしのり（こばやし・よしのり）

昭和28（1953）年、福岡生まれ。『東大一直線』『東大快進撃』『おぼっちゃまくん』でギャグ漫画に新風を巻き起こす。その後、「ゴー宣」シリーズが思想空間を揺るがす大ヒットに。現在、『SAPIO』にて『ゴーマニズム宣言』、『ビッグコミック』で『遅咲きじじい』を強力連載中。著書に『新・ゴーマニズム宣言』（①〜⑮）、『ゴー宣・暫』（①〜②）、『戦争論』『台湾論』『沖縄論』など。

ブックデザイン　前橋隆道　千賀由美　撮影　藤岡雅樹（小学館）

武士ズム

平成20（2008）年1月26日　初版第1刷発行

著　者　小林よしのり 堀辺正史
発行者　秋山修一郎
発行所　株式会社小学館
〒101-8001　東京都千代田区一ツ橋2-3-1
電　話　編集　03-3230-5800
　　　　販売　03-5281-3555
印刷所　共同印刷株式会社
製本所　株式会社難波製本
組　版　ためのり企画

ISBN978-4-09-389542-2